문득
그대

문득
그대

적막의 블루스

구활 산문집

눈빛

구활

경북 경산 하양에서 태어나다. 1984년 11월 현대문학으로 등단하다. 매일신문 문화부장 논설위원을 지내다. 『그리운 날의 추억제』『아름다운 사람들』『시간이 머문 풍경』『하안거 다음 날』『고향집 앞에서』『바람에 부치는 편지』『어머니의 손맛』『풍류의 샅바』『맛있는 여행』『바닷가 그 입맛』『선집 정미소 풍경』『선집 어머니의 텃밭』『선집 어둠 속의 판화』등을 출간하다. 대구광역시 문화상(문학부문) 현대수필문학상, 대구문협문학상, 금복문화예술상(문학), 원종린문학상(대상) 등을 수상하다. 한국언론재단, 조선일보 방일영문화재단, 한국문화예술진흥위원회, 대구경북연구원 등으로부터 저술지원금을 받다. 매일신문에 「구활의 풍류산하」를 5년 4개월 동안 270회 연재하다. 9hwal@hanmail.net

문득 그대
적막의 블루스
구활 지음

초판 1쇄 발행일 — 2017년 12월 10일
발행인 — 이규상
편집인 — 안미숙
발행처 — 눈빛출판사
　　　　　서울시 마포구 월드컵북로 361 이안상암2단지 506호
　　　　　전화 336-2167 팩스 324-8273
등록번호 — 제1-839호
등록일 — 1988년 11월 16일
편집 — 성윤미·이솔
인쇄 — 예림인쇄
제책 — 일진제책
값 12,000원

ISBN 978-89-7409-983-1　03040
copyright ⓒ 2017, 구활

* 이 책은 저작권법에 따라 보호를 받는 저작물이므로
무단 전재와 복제를 금합니다.

책머리에

시골 예배당의 종지기처럼 살아야겠다.

런던 캔터베리 교회의 니콜라이란 집사는 평생 종지기로 살다 생애를 마쳤다. 주민들은 그리니치 표준시보다 더 정확한 니콜라이 종소리에 시간을 맞췄다. 그는 노환으로 임종을 맞을 즈음에도 종을 칠 시각이 되자 비틀거리며 일어나 종을 치다 종탑 아래서 숨을 거두었다. 이 이야기를 들은 여왕은 황실 묘지를 내주고 가족들을 귀족으로 예우해 주었다. 그가 죽은 날이 런던의 공휴일로 지정되자 술집들도 문을 닫고 애도했다.

동화작가 권정생도 종지기 사찰집사였다. 해방 이듬해 일본에서 돌아와 안동 조탑마을의 예배당 아래채 토담집에 병든 몸을 의탁했다. 그는 새벽기도 시간을 알리는 종 치는 일을 거의 평생 동안 계속했다.

건강이 종줄을 당기기가 어렵게 되자 교회 뒤 빌뱅이 언덕 밑 흙집에서 혼자 기거하며 어린이들을 위한 동화를 썼다.

『강아지 똥』 『몽실 언니』 등 그의 작품집이 독자들의 사랑 속에서 엄청 팔려 나가 인세 부자가 되었다. "내 통장에 들어 있는 돈은 굶주리고 있는 아이들에게 보내 주세요." 그는 이런 유언을 남기고 하늘나라로 올라갔다.

요즘 성당과 교회에는 종지기가 없다. 주민들의 새벽잠을 깨운다며 종소리를 금지시켰기 때문이다. 어릴 적 듣던 종소리가 듣고 싶으면 인터넷에 들어가 프랑스 솔렘 수도원에서 검은 옷을 입은 늙은 수사가 치는 종소리를 듣는다. '뎅 데엥 데엥…' 그 종소리를 듣고 있으면 귀와 눈이 열리고 마음까지 열린다.

이 땅에 종소리가 사라졌으니 만년에 종지기로 살기는 틀린 일이다. 권정생 작가처럼 종줄 당기기가 힘에 겨울 때까지 자판이나 계속 두드려야겠다. 나의 종지기 인생에 도움을 준 모든 분들께 고마움 전한다.

2017년 늦가을
구활

차례

궤나 소리

궤나는 악기지만 흔한 악기는 아니다. 궤나가 연주되는 소리는 아직 들어보지 못했다. 궤나라는 낱말은 『우리말 큰사전』에도 나오지 않는다. 궤나가 악기라면 어디에 속하는 것일까. 목관, 금관, 건반, 현이나 타악기에도 속해 있지 않으니 천사들이 부는 나팔 같은 것일까.

옛날 잉카인들은 사랑하는 이가 죽으면 그 사람의 정강이뼈로 궤나라는 악기를 만들어 떠난 이가 그리울 때마다 그걸 꺼내 구성지게 불었다고 한다. 성악가들이 부르는 아리아는 아랫배에서 가슴을 거쳐 입으로 연주하는 육관(肉管)악기의 음악이라면 궤나 소리는 사람 뼈에 뚫린 구멍을 통해 새어 나오는 단음절로 연주되는 골관(骨管)악기의 음악이다.

궤나로 연주되는 소리를 한번쯤 들어보고 싶다. 그리움이 끝없이 이어지면 비탄의 심연 속으로 빠질 수밖에 없다. 그렇다면 가슴속에서 터져 나오는 눈물 조각들이 한숨에 섞여 흐르는 듯한 에드워드 엘가의 〈첼로협주곡 E단조〉와 같은 슬픔으로 끓인 범벅 같은 것일까. 미켈란젤로가 조각한 〈피에타

⟨Pieta⟩에서 성모 마리아가 숨이 끊어진 예수그리스도를 안고 흘리는 보이지 않는 눈물 줄기 같은 것일까. 아니면 영화 「미션」에서 오보에를 연주하는 ⟨가브리엘의 오보에(Gabriel's Oboe)⟩(엔니오 모리꼬네의 곡)처럼 맑고 날카로운 음색이 가슴을 후벼 파는 그런 음악일까.

"정강이뼈로 만든 악기가 있다고 한다./ 사랑하는 사람이 죽으면 그 정강이뼈로 만든 악기/ 그리워질 때면 그립다고 부는 궤나/ 집으로 돌아가지 못한 짐승들을 울게 하는 소리/ 오늘은 이 거리를 가는데 종일 정강이뼈가 아파/ 전생에 두고 온 누가/ 내 정강이뼈를 불고 있나 보다/ 그립다 그립다고 종일 불고 있나 보다."(김왕노의 시 「궤나」 중에서)

「궤나」라는 시를 읽고 있으니 까마득하게 잊고 있었던 오래전 기억이 문득 되살아난다. 자정이 넘은 시간에 소설가인 친구에게서 다급한 전화가 걸려왔다. "막내동생이 조금 전에 숨졌다"는 안타까운 전갈이었다. 친구는 무엇을 어떻게 할지 몰라 급하게 나를 부른 것 같았다.

막내는 스물다섯으로 시 쓰기에 매달려 있던 문청이었다. 흔히 그렇듯 시인의 생활패턴은 개판에 가까워야 하고 술을 많이 마셔야 좋은 시가 써진다고 믿고 있던 그런 시대였다. 그 녀석도 불확실한 믿음에 순종하면서 건강을 돌보지 않았기에 결국 이른 죽음을 맞이한 요절 문인 대열에 합류하고 말았다.

동생을 잃은 친구도 그렇거니와 석양주에 취해 있던 나도 경황이 없기는 마찬가지였다. 지금 생각해도 야밤중에 무슨 일을 했는지 다음 날 퇴근 후에 상가에서 있었던 일들을 전혀 기억할 수가 없다. 오래된 기억은 기억이 아니다. 그건 농담에 가까운 환영이다.

중요한 것은 발인 당일이었다. 미혼 총각의 장례는 예나 지금이나 화장을 한 후 유골을 산천에 뿌리는 것이 관례다. 유리창 밖에서 유골가루가 나오기를 기다리고 있을 때 녀석의 친구가 "굵은 뼈 조각은 분쇄하지 말고 자기를 주면 동인들끼리 하나씩 나눠 갖겠다"고 했다. 궤나라는 악기를 만든 인디오들의 순진무구한 발상처럼 기특하게 느껴져 그렇게 하겠노라고 했다.

친구 형제와 나 세 사람이 금호강 아양교 밑 강물로 들어가 유골가루를 흘려보냈다. 고인을 보내는 마지막 의식은 그리 오래 걸리지 않았다. 현장까지 따라온 많은 문인들이 앉아 있는 강둑으로 올라와 보니 녀석의 친구는 보이지 않았다. 다른 친구들에게 남은 뼈조각을 전하려 해도 아무도 받으려는 사람이 없었다. 유족에게 맡기려 해도 슬픔에 불을 지르는 것 같아 한지에 쌓인 궤나 재료들을 내가 맡을 수밖에 없었다.

박고석 화백의 부인은 남편이 보관하라며 건네준 약봉지에 쌓인 이중섭 화백의 유골가루를 뭔가 싶어 맛을 봤다는데 그에 비하면 나는 약과지. 아내 몰래 민속품을 모아둔 캐비닛 구석에 감춰 두었다. 백자로 구운 어느 문중 묘지에서 나온 지석(誌石) 두 편을 유골 위에 덮어 두었더니 감쪽같이 감시의 눈길을 피할 수 있었다.

사람이 죽으면 정(精)의 이탈로 혼(魂)과 백(魄)이 갈라지게 된다고 한다. 혼은 가볍고 밝은 성질이어서 영계로 쉽게 떠나 버리지만 백은 무겁고 탁한 기운이 있어서 주검이 놓인 자리에 그대로 머문다고 한다. 하물며 몸을 지탱한 뼈였으니 녀석의 영혼도 우리 집에서 봄 한철을 잘 지내다 하늘나라로 올라갔겠지.

결국 대청소를 하던 술래에게 들키고 말았다. 그래도 내 맘대로 내다 버릴 수는 없었다. 삼 개월쯤 지난 어느 날 동인들이 고인의 추모시 테이프를 만들어 모임을 갖는다기에 그걸 들고 나가 그간의 경위를 설명하고 전해 주었다. 대부분의 친구들은 떨떠름하게 생각하는 눈치였다. 한때 녀석과 연애를 했던 여자친구조차 뼈 한 조각을 가지려 하지 않았다. 그래, 그리움이 사랑의 다른 이름이란 걸 모르는 철없는 풋사랑이 궤나 음악을 어찌 알랴.

녀석은 그렇게 갔지만 내가 떠날 땐 무리한 산행으로 자주 관절통에 시달리던 내 정강이뼈로 궤나를 만들어 부는 친구 하나쯤 있었으면 좋겠다. 친구는 떨리는 손으로 궤나를 부여잡고 에콰도르 출신 인디오 뮤지션 레오 로하스가 펜플루트로 연주한 〈철새는 날아가고(El Condor Pasa)〉란 노래 한 곡을 들려주면 얼마나 좋으랴.

나의 궤나에선 팔공산 솔숲을 스쳐 지나가는 솔바람 소리가 앞장서 달리면 얼음장 밑으로 흐르는 물소리와 산새소리가 뒤

따라가면서 멋진 화음을 이룰 텐데. 해질녘 저승 언덕에 앉아
내 무릎뼈로 만든 궤나를 내가 부는 일은 없어야 할 텐데.

우상의 눈물

간밤에 어머니가 오셨다. 무슨 일로 오신 걸까. 이렇다 할 우
환도, 특별한 걱정거리도 없는데. 온종일 궁금했다. 꿈속 방문
의 이유를 몰라 일이 손에 잡히지 않았다. 최근 행적을 되짚어
보니 그럴 만한 꼬투리 하나가 잡혔다. 아하, 이것 때문에 오
신 것이로구나. 저승에서도 아버지와 한 집에 살고 계시다면
이런 저런 시중드시느라 몹시 바쁘실 텐데.

　나는 일곱 명이 한 달에 한 번 점심을 먹는 모임의 늦깎이
회원이다. 예술을 전공하거나 애호가들로 구성되어 있어 화제
는 문학. 음악, 미술, 조각, 공연, 영화, 건축, 음식 등으로 무
척 다양하다. 조각하는 분이 "회원들의 흉상을 제작하여 전시
회를 열 때 작품으로 내놓겠다"고 했다. 회원들이 수긍하는 걸
로 일단 결론이 났다. 나는 엉거주춤한 상태로 앉아 있다가 오
케이 물결에 휩쓸려 떠내려가고 말았다.

　흔적을 남기는 일을 좋아하지 않는다. 사진을 찍는 것은 즐
기지만 찍히는 것을 탐탁게 생각하지 않는다. 행사의 단체사
진 촬영 때도 마지못해 빈자리를 채울 뿐 좀처럼 앞자리에 앉

지 않는다. 우리 집 거실에는 사진관에서 찍은 가족사진이 없다. 그러니까 사진에 대한 나의 생각이 이렇다 보니 흉상을 만드는 것 자체가 마음 내키지 않는 일이다.

유월 어느 날, 흉상의 점토원형이 완성됐단 기별을 듣고 회원들과 함께 작업실에 들렀다. 남들이 '이만하면 됐다'며 오케이 사인을 하길래 나는 줄래줄래 따라다니다 나온 것이 자동 오케이가 됐나 보다. 그날 밤 어머니가 꿈에 오신 것이다. 어머니는 바람을 타고 오셨는지 두레박줄을 타고 오셨는지 잠시 머물렀다간 어디로 가셨는지 보이지 않았다. 오랜만에 만났는데 아무 말씀이 없어서 허전하고 안타까웠다.

삼십 수년 전에 경주의 조각가에게 어머니의 흉상 제작을 의뢰한 적이 있었다. 어머니의 동의를 얻어 점토로 모습을 뜨고 여러 차례 수정 작업을 거친 후에 청동 조상을 완성했다. 어머니 방에 좌대까지 준비하여 안치시켰더니 매우 좋아하셨다.

"어머니가 돌아가신 후에는 제 방에 모시겠습니다."

"오냐, 그렇게 해라."

평생 애만 먹였는데 오랜만에 효자 노릇을 한 것 같아 내가 생각해도 무척 기특하게 느껴졌다.

어머니는 서른 초반에 남편을 잃은 아이 다섯이나 딸린 청상이었다. 의지할 곳 없는 당신은 예수그리스도를 남편쯤으로 생각하는 독실한 크리스천이셨다. 모든 것을 기도를 통해 하나님과 상의하셨고 십계명에 반하는 일은 하지 않았다.

한 달이 채 지나지 않아 효자 흉상이 감쪽같이 사라져 버렸다. 흉상은 토르소와 마찬가지로 다리가 붙어 있지 않아 제 발로 걸어 나갈 수도 없을 텐데 기이한 일이었다. 식구들에게 물어봤으나 아무도 몰랐다. 어머니께 여쭤 봤으나 대답이 없었다. 해답은 우리 동네에서 허드렛일을 하는 아저씨가 귀띔해 주었다.

"밖으로 끌어내 도끼로 박살내서 갖다 버려요."

"이건 내다 버릴 물건이 아닌데요."

"시키는 대로 해요."

"아드님이 알면 뭐라 할 텐데요."

어머니의 흉상은 등산장비함에 들어 있는 캠핑용 손도끼로는 쪼갤 수가 없었다. 서툰 어머니의 도끼질로 얼굴에 피탈 칠을 한 조상은 울면서 떠날 수밖에 없었다.

"빨리 싣고 가서 버리세요."

어머니의 닦달에 못 이긴 아저씨는 청동 쓰레기 하나를 리어카에 싣고 뒤통수를 긁으며 가버렸다.

주일 낮 예배의 설교 제목이 '내 앞에 다른 신을 두지 말라'가 아니었나 싶다. 십계명 둘째에 있는 '너를 위하여 새긴 우상을 만들지 말고 하늘과 땅 그리고 물속에 있는 형상을 만들지 말며 그것들에 절하지 말며 그것들을 섬기지 말라'는 목사님의 열띤 설명에 크게 감동하신 것 같았다.

어머니는 자신의 행동이 계율에 반하는 행위라는 걸 설교를 통해 절절하게 느끼신 것 같았다. '너를 위하여 새긴 우상'

을 '아들이 새겨다 준 흉상'으로 해석했고, 당신이 세상을 버린 후엔 그 청동 우상 아래 둘러앉은 자식들이 자신을 추모하며 섬길 것이라고 판단했다. 어머니는 아마 예배가 끝나기도 전에 종종걸음으로 집으로 돌아와 '빌어먹을' 우상을 냅다 내동댕이쳐 내다 버린 것이다.

화가 났다. 돈도 아까웠다. 흥건하게 피를 흘리고 있는 우상을 내가 보았더라면 '뭉크의 〈절규〉'는 내다 앉을 정도로 울부짖었을 것이다. 더 이상 묻지 않았다. 우상을 팽개친 어머니의 행위는 너무나 당당했다. 이슬람교도들이 신앙고백문인 "라 일라하 일라 알라(알라 외에 다른 신은 없다)"를 읊조리며 라마단 기간 해가 떠있는 시간에는 물 한 모금 마시지 않고 계율을 지키는 것과 크게 다를 바 없었다.

꿈에 만난 어머니가 그냥 가버리신 이유를 이제야 알겠다. 난 한마디 말씀만은 꼭 전하고 싶은데 연락할 방법이 없다. 저승의 전화번호도, 이메일 주소도 모른다. 하늘을 감동시킬 방법은 없을까. 가만 있자, 천국신문사에 「우상의 눈물」이란 글을 독자란에 투고해야겠다. 모여 사는 영혼들이 귀신같이 알아차리고 내 뜻을 어머니에게 전해 주시겠지.

너에게 마지막으로 했던 말은
"날 버리고 떠나지 마"

오귀스트 로댕의 〈키스〉를 보기 위해 올림픽공원 소마미술관을 찾았다. 관객들이 가장 사랑하는 작품이 〈키스〉라는 기사를 읽고 이번 기회에 로댕의 섬세한 끌질과 망치질을 눈 속에 가득 채우리라 마음먹었다. 그런데 그게 아니었다. 〈키스〉란 작품은 너무 섬세하고 아름다워 내게는 버거운 상대였다. 글깨나 쓰는 선비들이 시를 지으려고 금강산을 찾았지만 거대한 자연에 압도당해 글 한 줄 읊지 못하고 발걸음을 돌렸다는 옛 일화와 궤를 같이한다.

나는 명화전을 보러 갈 때마다 대어를 낚을 준비를 했지만 한 번도 성공한 적이 없다. 남들이 잔챙이 취급하는 소품들이 오히려 내게는 월척이었다. 갈 때마다 그랬다. 명화에 나름대로 이야기를 입힐 수 있는 작품이라야 내 스스로 빠져들어 글 한 편이라도 쓸 수 있지만 이미 이름난 작품에는 범접하기가 쉽지 않았다.

영국 왕립미술관 소장 「테이트 명작전-누드」에서도 그랬다. 흔히 대작이라 일컫는 큰 그림은 그저 '좋다'는 생각만 들

뿐 영혼을 빼앗길 정도의 느낌은 없었다. 그런데 깜짝 놀랐다. 〈너에게 마지막으로 했던 말은 "날 버리고 떠나지 마"〉란 작품 앞에 서자 감동과 감격이 한꺼번에 밀려오면서 그림이 노래로 변하는 현장같이 느껴졌다.

송판의 회색 페인트칠이 벗겨진 구석자리 나무바닥에 여인이 앉아 있다. 왼 어깨에 박쥐 문양의 작은 문신을 한 젊은 여인이 벽을 맞대고 발가벗은 채 앉아 있는 사진 작품이다. 여인은 처해 있는 상황을 움직이지 않는 굳은 몸짓으로 절묘하게 표현하고 있다.

"날 버리고 떠나지 마"란 신파극 대사 같은 이 말에 끌려 발걸음이 떨어지지 않아 한참이나 멍하게 서 있었다. 그림은 정지된 동영상처럼 내 의식의 기저에서 흔들리지 않고 그대로 머물러 있었다.

이윽고 그리스 성악가 아그네스 발차가 부른 〈기차는 여덟 시에 떠나네〉란 서러운 노래가 벗은 여인의 살갗과 머리칼 속으로 파고드는 것 같았다. 왜 버림받은 여인의 나상 위로 여덟 시에 떠나는 기차가 달려가는 걸까.

"날 버리고 떠나지 마"란 말은 너무 애틋하다. 창고 구석에 쪼그리고 앉아 있는 여인의 무언절규치곤 너무 강렬하다. 한참 들여다보고 있으면 그 말은 내가 어느 소녀의 뒷통수에 대고 "떠나지 마"라고 소리치는 장면인지 아니면 내 등 뒤에서 어느 여인이 "떠나지 마" 하고 내뱉는 말인지 도무지 짐작이 가지 않았다.

이 작품은 트레이시 에민(1963-)이란 작가가 1992년 마케이드 해변 자신의 오두막에서 찍은 누드사진이다. 그녀는 "오두막은 낡고 황량하다. 나도 그렇게 되면 정말 어울릴 거라 생각했다. 거긴 약간의 종교적인 분위기가 있어서 자주 기도 드리는 장소로 이용했다." 에민의 작품은 단순한 풍경이나 형상이 아니라 시를 품고 있기도 하고 때론 스토리텔링으로 적합한 산문이 들어 있어 자전적이며 명상적이다.

이 작품도 사랑하는 이와 헤어져 헛간 같은 곳에 버려졌는지 어쨌는지는 알 수가 없다. 그러나 그녀의 과거 이야기의 한 토막인 것은 분명한데 새드 엔딩의 구체적 설명은 다만 여운으로 남기고 있을 뿐이다. 이 사진을 오래 보고 있으면 작가의 내면으로 흡인되어 함께 눈물까지 흘릴 경지에 도달하게 된다. 그렇지만 그 순간이 끝나면 고통스런 과거로부터 탈출하여 안온한 평화를 느낄 것만 같다. 이것이 바로 고통을 함께 나누려는 작가가 노리는 효과인지 모른다.

나는 이 작품을 보는 순간 왜 얼어붙어 버렸을까. 작가의 〈너에게 마지막으로 했던 말은 "날 버리고 떠나지 마"〉란 작품이 주는 슬픔의 의미와 아그네스 발차의 '여덟 시에 떠나는 기차'의 이미지가 한데 어우러져 내 의식 속에서 굴러가는 서러운 눈덩이로 만들어 버린 것이리라.

이 노래는 그리스 영웅 미키스 테오도라키스가 작곡한 곡으로 민속악기인 부주카가 빚어내는 애잔한 선율이 이별의 안타까움을 흥건하게 적셔 낸다. 노래의 내용은 나치에 저항했던 그리스의 젊은 레지스탕스 청년이 돌아오기만을 기다리는 여인의 이야기다.

그리스 영화 「나타샤」에서도 이 노래에 걸맞은 장면이 나온다. 항독 레지스탕스가 되기 위해 떠나는 청년을 사랑하는 금발 처녀가 맨발로 따라가는 장면이 일품이다. 청년은 떠나 버리고 한동네 살던 남자가 나치 장교가 되어 나타샤에게 사랑을 고백하지만 구사일생으로 살아남은 사랑하는 청년을 다시 만나 전선으로 뛰어든다. 해방이 멀지 않은 어느 날 청년은 나치의 총탄에 쓰러지고 나타샤만 목숨을 건진다.

"카테리니행 기차는 8시에 떠나가네/ 11월은 내게 영원히 기억 속에 남으리/ 카테리니행 기차는 영원히 내게 남으리/ 함께 나눈 시간들은 밀물처럼 멀어지고/ 이제는 밤이 되어도 당신은 오지 못하리/ 비밀을 품은 당신은 영원히 오지 못하리/ 기차는 멀리 떠나고 당신 역에 홀로 남았네/ 가슴속의 이 아픔을 남긴 채 앉아만 있네/ 가슴속의 이 아픔을 남긴 채 앉아만 있네."

"날 버리고 떠나지 마"라고 무언으로 소리치던 여인도 화폭 속에 앉아 있다. 카테리니행 기차를 떠나 보낸 연인도 플랫폼 바닥에 퍼질고 앉아 있다. 그리움을 가슴에 품고 있는 이들은 슬픔의 무게 때문에 일어설 수가 없다. 우리 모두는 앉아 있다.

자작나무 숲에 떨어진 별똥별

자작나무 숲길을 걷는 꿈을 간혹 꾼다. 연전에 강원도 인제 원대리의 눈 내린 자작나무 숲길을 한 바퀴 돌아본 것이 자작나무와 맺은 인연의 전부일 뿐인데 왜 꿈길에서 그곳을 헤매고 다니는 걸까.

꿈에 만나는 숲길은 강원도는 분명 아니었다. 러시아의 자작나무 숲을 배경으로 한 「바버 오브 시베리아(*The Barber of Siberia*)」란 영화에 나오는 몇몇 장면과 자작나무 어린 가지인 비흐따(Vihta) 다발로 증기욕탕 속에서 전신을 두들기는 모습이 복합 동영상으로 편집되어 꿈에 재현된 것이다. 그중 백미는 뿌옇게 김 서린 사우나 반야(Banya)에서 뛰쳐나와 두꺼운 얼음을 깬 웅덩이에 맨몸으로 풍덩 빠지는 장면을 보고 나면 즐겁지만 그 냉기에 잠을 깨곤 한다.

눈 덮인 시베리아 평원에 눈부신 하얀 맨살을 드러내고 하늘로 쭉쭉 뻗은 자작나무 숲에는 아직 가보지 못했다. '가봐야지, 가야지' 하고 벼르기만 할 뿐 좀처럼 출발의 앞발을 내밀지 못하고 있다. 그렇지만 포기하지 않고 '꿈은 반드시 이뤄진다'는 오기 하나로 버티고 있다. 머잖아 시베리아 횡단열차도 타보고 바이칼호 옆 자작나무 숲속 열탕 사우나와 냉탕 얼음 웅덩이를 동시에 즐길 날이 반드시 오리라 믿고 있다.

요즘도 '라라의 테마 뮤직'을 자주 듣는다. 나른한 오후 리피트 키를 누르고 그 음악을 즐기고 난 밤엔 나는 영락없이 러시아의 자작나무 숲으로 달려간다. 영화 「의사 지바고」의 여주인공인 라라도 만나고 토냐도 만난다. 1965년 영화를 찍을 당시에는 러시아 현지 촬영이 불가능하여 눈보라치는 설원 풍경은 스페인과 핀란드 숲에서 하얀 돌가루를 바람에 날리며 찍었다지만 내 꿈속의 로케이션 현장은 항상 노랗게 물든 러시아의 자작나무 평원이다.

자작나무는 아름답다. 매료되어 넋을 잃을 만큼 매력적이다. 예수그리스도를 흔히 '왕중왕'이라 부르지만 자작나무는 '목(木)중목'이다. 일 년 사철 푸르름을 자랑하는 소나무도 아름답지만 여인의 뽀얀 속살 같은 하얀 피부를 부끄럼 없이 드러내는 자작나무 군락은 훨씬 더 아름답다. 소나무가 이성적이라면 자작나무는 감성적이어서 훨씬 더 에로틱하다.

꿈에서라도 더 자주 자작나무 숲길을 걷고 싶다. 시인 백석은 「백화」라는 시에서 "산골 집은 대들보도 기둥도 문살도 자작나무다/ 그 맛있는 모밀국수를 삶는 장작도 자작나무다/ 산 너머는 평안도 땅도 뵈인다는 이 산골은 온통 자작나무다"라고 읊은 적이 있다. 미국의 시인 로버트 프로스트도 "세상은 사랑하기에 알맞은 곳/ 이 세상보다 더 나은 곳이/ 어디 있는

23

지 나는 알지 못한다/ 나는 자작나무 너듯 살아가고 싶다"고 했다. 나도 자작나무 숲속에서 살다 이승을 하직해도 좋으리라.

아직은 해야 할 일이 남아 있다. 해질 무렵 자작나무 잎새들이 노을 속 마지막 잔광에 아롱거리는 모습을 '싫카장' 보아야 한다. 그러다가 이윽고 이마를 마주대고 반짝이는 별들을 보면서 생애 중에 좀처럼 잊어지지 않는 일들을 되새김질해 봐야겠다.

이곳 북방의 무당들은 자작나무를 하늘과 연결하는 통로로 인식했고 기도할 때는 자작나무 장작을 태운 모닥불 연기로 하늘과 소통했다고 한다. 또 시베리아 샤먼들은 자작나무 껍데기를 벗겨 별을 주워 담는 주머니를 만들었으며 머리에 자작나무 가지를 꽂고 자신의 소망을 하늘에 전했다.

바이칼 호수 옆 사냥꾼의 집 쟈임카에서 하룻밤 머물렀으면 좋겠다. 꼭 그랬으면 좋겠다. 그곳에서 자작나무 껍질을 불쏘시개로 모닥불을 피우고 호수 위로 떠오르는 달을 정월 대보름달 보듯 그렇게 봤으면. 바이칼의 보름달은 평소보다 서너 배쯤 크고 물위에 비친 한 줄기 달빛이 윤슬로 반짝이는 기막히게 아름다운 그 모습을 보고 싶다.

모닥불 옆 자작나무 나뭇단에 비스듬히 기대어 이곳 호수에서 잡은 북극 청어를 훈제한 오물(Omul)과 샤슬릭(Shashlik·고기 꼬치)을 꼬챙이에 끼워 바닷가 모래밭에서 호롱낙지를 굽듯 그렇게 구워 먹고 싶다. 안주가 좋으면 술이 당기는 법, 사냥꾼 집에서 사온 보드카를 마시고 모닥불 불빛에 비친 내 얼굴이 붉게 물들도록 그렇게 근사하게 취해 봤으면.

활활 타오르던 모닥불이 자지러질 때쯤 사냥꾼의 친구인 주술사가 나직한 음성으로 이곳 전설을 자장가처럼 읊조릴 때 나는 반수면 상태로 빠져들 것이다. "먼 조상인 호리도이가 알혼섬에서 사냥을 할 때 백조 세 마리가 호수로 내려와 어여쁜 아가씨로 변하는 것을 보았지요. 사냥꾼은 목욕하는 아가씨들의 날개 옷 하나를 감추어 버렸어요." 시작하는 투가 우리의 「나뭇꾼과 선녀」를 빼다 박은 듯이 닮아 있다.

"그 아가씨는 하늘로 날아가지 못하고 사냥꾼의 아내가 되어 열한 명의 자녀를 낳게 되지요. 아내는 날개옷을 한 번만 입어 보게 해 달라고…."

늙은 샤먼의 전설 이야기는 어디에서 끝이 났는지 나는 듣지 못했다. 모닥불이 사위어 가듯 내 영혼도 잠 속으로 사그라져 자작나무 숲속으로 떨어진 별똥별이 되고 말았다.

어느 날 아침의 절규

절규는 불만이 불러오는 마지막 몸부림이다. 불만은 가까운 이웃인 탄식을 불러온다. 탄식은 제 친구인 절망을 데려와 "소리치며 울부짖어라"고 충동질한다. 그것이 절규다. 절규는 천 길 낭떠러지 끝에 깨금발로 서 있는 형상이다. 위로의 말이나 기도가 통하지 않는 처절한 분노이자 공포 그 자체다.

예술의전당에서 열리고 있는 대영박물관의 「영원한 인간전 (*Human Image*)」을 보기 위해 오랜만에 서울 나들이에 나섰다. 영국까지 가지 않고 인류의 귀한 문화유산을 두루 살펴볼 수 있는 기회라니 장사치곤 크게 남는 장사일 것 같았다.

회화전, 조각전, 문인화전 등 이름 있는 큰 전시회가 열린다는 소문이 나면 그게 보고 싶어 안달이 난다. '가보자'와 '가지 말자'의 두 감정의 패거리 싸움이 벌어질 때마다 엉덩이를 제자리에 붙여 놓을 수가 없다. 앉아서 스트레스를 받느니 훌쩍 떠나 버리는 게 훨씬 마음이 편하다. 그런데 다녀오고 나면 큰 전시일수록 기억 속에 남는 것이 없을 때가 많다. 포대는 작은데 넣을 것이 많아 그런가 보다.

몇 번 속고 난 후론 전시물의 전체를 망막 속에 남기지 않는 것이 현명하다는 것을 깨달았다. 바위에 새긴 선각 부처님처럼 아무리 지우려 해도 지워지지 않는 것만 안고 돌아오는 것이 훨씬 배짱 편하고 유익하다. 「로댕전」에서도, 간송미술관의 「혜원전」에서도, 덕수궁 미술관의 「근대미술 백인전」에서도 단 하나의 작품만을 기억의 품속에 품고 왔을 뿐이다.

이번의 대영제국의 「영원한 인간전」에서도 이스라엘 화가 아비그도르 아리카(1929-2010)가 그린 〈자화상, 어느 날 아침의 절규(*Self Portrait, Shouting One Morning*)〉란 그림을 가슴속에 넣고 문을 나서 버렸다. 먼 길을 달려왔으니 본전 찾을 욕심이 앞서 두 바퀴 반을 돌았지만 기억의 지문으로 남아 있는 것은 거의 없었다. 수많은 조각품과 회화 작품들이 수두룩했지만 다른 것들은 이미 내 것이 아니었다.

아리카의 〈자화상〉은 잘 그려진 그림도, 벽에 걸어 놓고 두고두고 쳐다볼 아름다운 작품은 아니었다. 서양화 8호 크기(46.1cm×38cm)의 검은색 수비잉크로 포로수용소 죄수를 그린 것 같은 상반신 인물상이다. 줄무늬 옷을 입은 인물상은 이마의 길이가 얼굴의 반쯤 차지하고 머리칼은 그야말로 봉두난발이다. 아무리 잘 봐주려 해도 마음에 드는 구석은 단 한 군데도 없었다.

오른쪽 눈은 검게 칠하여 눈썹조차 보이지 않고 왼눈은 떴는지 감았는지 분간이 되지 않는다. 벌리고 있는 입은 작은 동굴처럼 뻥 뚫려 있고 코 옆 여덟 팔자주름이 깊게 파여 불혹

(1969년작)의 나이치곤 너무 빨리 쇠잔해진 애늙은이로 변한 모습이다.

어느 날 아침에 느낀 언짢은 분노가 붓을 들고 자화상을 그릴 때까지 풀리지 않았는지 바야흐로 절규의 감정으로 치닫고 있다. 검정색 톤으로 아무렇게나 쓱쓱 문질러 그린 자화상이 하나하나 따지고 보면 볼품도 없고 별 맛이 없는데도 나를 왜 이렇게 질기도록 붙잡고 놓아 주지 않는 걸까. 매력에도 궁합처럼 겉 매력이 있고 속 매력이 따로 있는 것인가.

그건 아마 우리 모두의 울분과 절망을 한 폭의 그림이 대변하고 있기 때문에 그 속으로 빨려들어 자화상의 주인이 바로 나인 듯 순간적인 착각에 빠져 든 것이리라. 그것은 바로 감정이입현상(Empathy)이다. 관조 대상에서 표출된 내용을 보는 이의 눈높이로 이해하고 해석할 땐 곧잘 자신의 감정을 투사하는 법이다. 그 대상이 분노하면 덩달아 분노하고 이별을 슬퍼하면 자신의 옛 연인을 떠나보낼 때의 감정을 끄집어내 함께 울어 버리는 것과 같다.

아리카는 서른 중반에 그동안 걸어왔던 추상의 길을 버리고 흑백의 초상 드로잉과 동판화 연작에 몰두했다. 그날 이후 아내와 친구 그리고 자신을 주로 그리며 홀로 울면서 절규했다. 그는 고독과 고뇌를 이기지 못하는 현대인의 대변인이었다.

그의 친한 친구로는 『고도를 기다리며』의 작가 사무엘 베케트가 있었다. 그렇지만 그림을 그린 동기를 25년 동안 밝히지 않았다. 그러다가 1994년 친구인 영화평론가 알렉산더 워커에게 "1969년 어느 날 아침 기분이 지극히 나쁜 상태에서 그림이라도 그리지 않으면 죽을 것만 같아 그렸을 뿐"이라고 털어놨다. 그림을 찬찬히 보고 있으면 꾸밈이라곤 찾을 수가 없다. 자기가 느낀 감정을 화폭에 그대로 옮겼으며 과감한 터치가 오히려 자연스러울 정도로 단순명쾌하다.

전시장을 돌면서 지킴이가 잠시 자리를 비운 사이 카메라를 꺼내 도둑 셔터를 두 번쯤 눌렀다. 안내 아가씨는 CCTV를 들고 다니는지 홀연히 나타나 "사진 찍으시면 안 되는데요"라고 한마디한다. 급하게 찍느라 초점이 맞지 않는 자화상 절규를 A4용지에 옮겨 책상머리에 붙여 두었다. 이 그림을 보면서 울고 싶을 때 함께 울고, 분노로 치가 떨릴 때 함께 고래고래 고함을 지르는 친구로 삼을 작정이다.

이제 절규를 같이 즐길 친구는 나를 포함해서 네 사람으로 늘었다. 뉴욕 소더비에서 1억 2천만 달러란 경매사상 최고액을 기록한 〈절규(The Scream)〉를 그린 노르웨이 화가 에드바르 뭉크, 이태리 영화 「길(La Strada)」에서 연인 젤소미나를 저승으로 떠나보내고 절규하는 잠파노 역을 맡았던 앤소니 퀸 그리고 〈아침의 절규〉를 그린 아리카가 그들이다. 나중 저승에서 만나면 절규시사(絕叫詩社)란 모임을 만들면 어떻겠냐고 제의해 봐야겠다. 운동선수들처럼 스크럼을 짜고 풀쩍풀쩍 뛰면서 함께 울며 고함지르면 정말 재미있을 것 같다.

이상의 초상

기차 타고 서울에 간다. 이 년만인지 삼 년만인지 아리송하다. 내가 서울을 좋아하지 않는 건지 서울이 나를 싫어하는 건지 분명 둘 중에 하나일 텐데 그것은 잘 모르겠다. 나는 서울의 지리에 어둡다. 서울어(語) 회화도 능숙하지 못하다. 경상도 표준어를 한양사람들은 사투리라며 천시한다.

덕수궁미술관에서 열리고 있는 「한국근현대회화 100선전」이 끝나기 바로 전날이다. 가방도 없이 호주머니에 빈손 찌르고 그냥 올라간다. 영화관과 공연장은 눈과 귀가 함께 동행해야 하지만 미술관은 눈만 가도 된다. 그렇지만 눈만 혼자 보낼 수 없어 오감을 느끼는 온갖 잡것들이 "우우" 하고 몰려간다.

나는 그림을 좋아하고 음악을 좋아하고 영화도 좋아한다. 싫어하는 것보다 좋아하는 것이 더 많다. 오죽했으면 젊은 시절 보너스 타는 달은 그림 한 점 사겠다며 화랑과 골동품 난전을 돌아다녔을까. 그때 모은 그림 여러 점이 집안에 돌아다니고 있지만 관심은 점점 멀어지고 있다. "이것 또한 지나가리라(This, too, shall pass away)"는 명언처럼 나의 그림사랑도 한 자락 바람이었다.

아편에 취해 본 아편쟁이가 그 맛을 평생 잊지 못하듯 그림에 관한 나의 바람기도 한 번씩 도질 때가 있다. 갖고 싶은 것을 갖지 못하면 보기라도 해야 한다. 안 그러면 좀이 쑤셔 견디질 못한다. 이번 전시도 예외는 아니다. 그림 보러 서울에 갈까 말까 하는 이드(ID)와 에고(EGO)의 다툼은 치열했다.

전시 중인 그림들은 실물은 보지 못했어도 도록을 통해 본 것들이 꽤 많았다. 과거의 기억과 상상력을 동원하여 마치 덕수궁미술관에 간 것처럼 휘이 한 바퀴 돌아본 후 에고가 이드에게 말을 건다. "별것 없제." "아니야, 못 보던 것이 훨씬 좋은데." "그러면 전시 끝나기 전에 한 번 다시 오자." "그래, 그렇게 하지 뭐." 내가 나를 타일러 주저앉히는 데도 이렇게 힘이 든다.

못 가본 미술관의 그림구경조차 심속(心速)으로 달리는 타임머신을 타고 가상으로 얼버무릴 수 있는 내가 상상력을 동원하여 글 한 편 쓰지 못할까. 내 글의 모티브가 된 것은 꼽추 화가 구본웅이 우울한 일요일(Gloomy Sunday)에 시인 이상을 그렸을 법한 〈친구의 초상〉이란 15호짜리 어둡고 쓸쓸한 그림이다. 다른 하나는 뉴욕에 살고 있던 화가 김환기가 친구인 시인 김광섭이 보내준 「저녁에」란 시를 읽고 그린 〈어디서 무엇이 되어 다시 만나랴〉란 큰 그림이다.

시인과 화가는 한 여인을 앞서거니 뒤서거니 아내로 맞은 이상한 동서지간이다. 미국 속어로는 좀 야한 표현이지만 홀

메이트(Hole Mate)라고 한다. 내가 이번 전시를 꼭 보고 싶었던 까닭은 사람은 가고 없지만 두 그림 사이에는 분명 애증의 그림자가 교차하고 있을 것 같아 그것이 보고 싶었다.

성급하게 달려온 봄이 숨을 헐떡거리며 덕수궁 앞마당의 벚꽃을 깨우고 있었다. 성탄목에 감긴 자잘한 전구에 불이 켜진 것 같은 벚꽃 등불은 눈부신 환희였다. 줄을 서서 입장권을 사기까지 삼십 분 넘게 사람들 사이에서 벚꽃너울에 출렁거렸지만 하나도 지루하지 않았다. '두드리면 열린다'는 성경구절도 사실은 기다림의 미학을 에둘러 표현한 것이다.

전시는 이마동의 〈남자〉에서 시작하여 이인성의 〈해당화〉와 〈가을 어느 날〉로 이어졌다. 보고 싶었던 그림 숲에 풍덩 빠진 느낌이었다. 구본웅이 그린 시인 이상의 초상은 15호짜리로 11번째쯤 걸려 있었다. 그림 역시 이상의 시처럼 난해했고 형형한 눈빛 속에는 광기와 괴기가 동시에 서려 있었다.

좀처럼 발걸음이 떨어지지 않았다. 어둡게 칠한 배경 화면에는 불안한 절망이, 비뚜로 물고 있는 파이프 옆으로 어른어른 비치는 표정에는 자학과 조소에 찬 시인의 내면 풍경이 연하(煙霞)처럼 피어오르고 있었다. 매력 있는 남자의 표상은 바로 이런 것이구나. 그래서 뭇 여성들의 로망이었구나.

이 그림을 보고 나니 이상의 매력에 너무 빠진 탓인지 다른 그림을 보고 싶은 생각이 없어졌다. 달리는 말 위에서 경치 보듯 한 바퀴 둘러보고 전시장을 빠져 나왔다. 김환기의 〈어디서 무엇이 되어〉란 그림은 마지막 전시실에 걸려 있었다. 이

제 두 그림이 같은 방에서 째려보고 있든 어깨 위에 팔을 걸고 격려하고 있든 내 관심에서 벗어나 있었다.

갑자기 배고 고팠다. 몰입을 하고 나면 갈증과 동시에 심한 허기를 느낀다. 그 길로 냉면 한 그릇 먹으러 을지로에 있는 우래옥으로 달려갔다. "물랭 하나, 소주 하나, 사리 하나"를 줄여 웨이트리스에게 "물소사 각 하나"라고 말했더니 알아듣지 못했다.

수종사 풍경소리

가파른 돌계단을 올라서니 절은 거기 있었다. 남양주에 있는
수종사는 운길산 8부 능선쯤에 걸려 있는 예사롭지 않은 사찰
이다. 법당 앞에 서서 고개를 쳐드니 산꼭대기는 보이지 않고
처마 끝이 하늘을 배경으로 아름다운 삼각 곡선을 그리고 있
었다. 그 '낭랑 끝'에 매달려 있는 풍경은 참선 중이다. 바람이
없는 날이어서 묵언 수행으로 하루를 견디나 보다.

　수종사에 꼭 한 번 가보고 싶었다. 버킷리스트에 '비오는 날
수종사'라고 적어 둔 지가 벌써 몇 년짼데 오늘에야 겨우 소원
을 이뤘다. 이 사찰을 마음속에 새겨 둔 것은 내가 좋아하는
선비 어른 중에서 한음과 다산 그리고 초의선사의 발자국이
이곳 어디엔가 찍혀 있을 것이라는 막연한 기대 때문이다. 흔
적을 찾아 선인들의 귀한 정신을 추앙한다고 해서 그들을 닮
을 수는 없는 일이지만 자꾸만 마음이 당기니 어쩔 수 없는 일
이다.

　그동안 여러 번 날을 받았지만 손재수가 붙은 날만 뽑았는
지 장대비가 쏟아지든가 아니면 다른 일들이 새치기를 하는

통에 번번이 기회를 놓치고 말았다. 그렇지만 포기하지 않았다. '몇 번 넘어지고 몇 번 일어선다'는 사자성어가 괜한 수작은 아닌 것 같다. 이곳 인근에 '솔재'라는 별서를 지어 '한밤에 막걸리잔 앞에 놓고 별을 희롱하는 재미로 살고 있다'는 친구가 몇 번이나 날을 받아 올라오란 기별을 보냈지만 그 약속을 지키지 못했다. 그는 함께 손잡고 수종사에 오르지 못하고 은하가 무리지어 흐르는 하늘나라 그 너머에로 혼자 떠나고 말았다.

딸을 가이드 삼아 아내와 함께 수종사에 오른다. 송촌리 동구 앞에서 북쪽으로 올라가는 산길이 무척 가파르다. 자동차도 짐 실은 소처럼 콧김을 내뿜는다. 산은 높지 않고 절도 장엄하지 않지만 그윽한 정취를 뿜어내는 상서로운 기운이 모든 걸 커버하고도 남는다. 덤벙 주초를 딛고 있는 배흘림기둥이 발을 떼기만 하면 비로자나불을 모시고 있는 대웅전은 곧 하늘로 승천할 것 같다. 수종사란 가람은 아침에는 물안개가 밀고 올라오고 저녁에는 붉은 노을 기운이 산자락을 덮는다. 운무와 연하의 습기에 몸 말릴 겨를이 없는 꽃 창살문은 오래전에 단청이란 화려한 옷을 벗어 버리고 맨살 피부로 세월을 버티고 있다. 맨살은 맨살로 문지르고 싶을 정도로 매혹적이며 관능적이다.

세조가 금강산 유람을 마치고 이곳을 지나다 하룻밤 묵은 적이 있다. 한밤중에 수종사 쪽에서 은은한 종소리가 들려와 잠에서 깨어났다. 궁금하여 소리 나는 곳을 찾아가 보니 바위

굴 속에 16나한이 앉아 있었다. 굴 안에서 떨어지는 물방울 소리가 암벽에 공명을 일으켜 맑고 명징한 종소리를 내고 있었다. 세조는 이곳에 절을 짓게 하고 수종사라 부르라 했다. 바위굴은 흔적 없이 사라졌지만 대신에 약사전 앞에는 마르지 않는 물줄기가 지금도 흘러내리고 있다.

산을 오르면서 나한이 앉아 있던 바위굴이 어디쯤인지 눈으로 짚어 보았으나 알 길이 없었다. 대신에 청명한 종소리의 끝자락이라도 잡아 보려 했으나 이미 둔해진 눈과 귀는 아무 소리도 감지할 수 없었다. 그러고 보니 풍경조차 무풍 속에 용맹정진 중이어서 화엄의 세계가 무음(無音)에 갇힌 것 같았다.

수종사는 밑에서 치어다볼 절이 아니라 내려다봐야 맛이 나는 절이다. 이곳을 찾은 문인묵객들은 오리가 넘는 오르막길을 힘겹게 올라와 남쪽에 펼쳐져 있는 남한강과 북한강이 만나는 두물머리 풍경을 시로 읊고 그림으로 그렸다. 절 마당에 서서 멀리 던져 둔 시선을 끌어당겨 승경(勝景) 속의 바람 냄새를 맡아 보는 솔솔한 재미가 이 절의 매력이다.

모든 산과 바다의 경치는 해거름이나 새벽녘을 최고로 친다. 이곳 역시 물안개가 피어오르는 이른 아침에 운무 사이로 가끔씩 보이는 강 풍경과 황혼 무렵의 황색 기운이 낮은 산봉들을 점령해 들어오는 파노라마는 가히 일품이다. 문득 "석양은 한없이 아름다운데 어쩌나 황혼에 가까운 것을"이라고 읊은 당나라 시인의 절창이 읊조려진다. 세파에 찌든 영혼을 넘실대며 차오르는 붉은 물결로 일렁일렁 헹궈내 소나무가지에

홑이불처럼 걸어 두고 싶다.

수종사에 다녀와서도 뭔가 끌리고 있는 그 기억은 좀체 지워지지 않았다. 그날 소리를 내지 않았던 처마 끝에 매달린 풍경소리가 계속 귓가를 맴돌며 뎅그렁거리고 있다. 공광규 시인의 「수종사 풍경」이란 시가 가뜩이나 산란해진 마음에 살살 부채질하고 있다.

"양수강이 봄물을 산으로 퍼올려/ 온 산이 파랗게 출렁일 때/ 강에서 올라온 물고기가/ 처마 끝에 매달려 참선을 시작했다/ 햇볕에 날아간 살과 뼈/ 눈과 비에 얇아진 몸/ 바람이 와서 마른 몸을 때릴 때/ 몸이 부서지는 맑은 소리."

아니다. 내가 이러고 있을 때가 아니다. 우리 집 처마 난간에 양철 쪼가리 하나를 이어 붙여 빗소리를 들으려던 어이없는 공상은 내다 버려야겠다. 대신에 골동점에 나가 풍경 하나를 구해 와 창문 밖에 달아 두고 몸이 부서지는 맑은 소리를 들으며 참선에 들어야겠다. 마하바라 뎅그렁 마하바라 뎅그 뎅그렁.

매화시사

다산이 정조 임금으로부터 총애를 받던 시절 죽란시사(竹欄詩社)란 모임을 주도한 적이 있다. 정조가 직접 뽑은 초계문신 6명을 포함하여 요즘 청와대 비서관 격인 젊은이 15명을 규합하여 명목과 구실이 있을 때마다 모였다. 모일 땐 붓과 벼루 그리고 안주를 갖춰 시를 짓고 술을 마시며 담론을 주고받았다. 시사란 선비들의 계모임을 말한다.

모이는 날은 매화가 눈속에서 꽃망울을 터트릴 때, 살구꽃이 필 때, 복숭아꽃이 산천을 붉게 물들일 때, 참외가 익을 무렵에 여름을 즐기기 위해 만났다. 가을이 성큼 다가와 연꽃이 벙글 때, 국화가 서리를 맞고 그윽한 향기를 피울 때, 그러다가 겨울에 큰눈이 내리면 모두 모였다. 철 따라 모이는 계절 모임은 일곱 번이었다.

비정기 모임도 더러 열렸다. 누가 아들을 낳으면 소문 듣고 모이고, 벼슬이 높아지면 축하차 만났다. 수령으로 나가는 이가 있으면 자주 못 보게 되어 섭섭다고 어울렸으며 자제가 과거에 급제하면 그 집에서 잔치를 벌였다. 그러니까 정기 비정기 모임을 합치면 사흘돌이로 모였으니 죽란시사 회원들은 다른 벼슬아치들의 미움과 시샘의 대상이었다.

내색하진 않았지만 이런 모임이 요즘도 있다면 나도 한번 참여해 봤으면 하는 아름다운 꿈을 꾼 적이 있다. 풍류의 극치랄 수 있는 이런 만남은 각박한 세상에 있을 수도 없거니와 설령 있다손치더라도 감히 그런 자리에 어느 누가 초대해 줄 것 같지 않아 마음을 접어 버렸다. 그래도 생각을 지우는 지우개는 없는 법이어서 마음 한 자락 끝에서 '꽃 피면 모이고 열매 익으면 만나는' 연습을 나 혼자 하곤 했다.

음악 들으며 커피 마시고 비스듬히 누워 글 읽는 '홀로시사'는 하루 이틀이면 몰라도 재미없고 시시하다. 한겨울을 잘 버티다가도 남녘에서 매화 소식이 들리기라도 하면 잠자던 영혼이 각성주사라도 맞은 듯 좀이 쑤셔 일어나지 않고는 못 배긴다. 봄이 머무는 곳에 봄 만나러 가야 한다.

전라도 승주의 선암사 무우전 돌담 옆 오륙백 년 된 늙은 홍매 대여섯 그루의 자태와 향이 몇 년째 '홀로시사는 접어두고 달려오라'고 손짓하고 있다. 그 유혹을 한 번도 뿌리친 적이 없다. 홍매의 개화 시기는 삼월 하순이 적기인데 해마다 들쭉날쭉하여 날짜를 정확하게 맞춘 적은 한 번도 없다. 선암사 홍매를 만나러 가지 못하는 해는 완행열차를 타고 해운대 옆 기장역 구내에 있는 외나무 홍매를 만나러 가기도 했다. 해마다 봄을 찾아 길 떠나 보지만 어느 한 번도 제대로 된 봄은 만나지 못했다.

그러던 어느 날 지인으로부터 한 통의 편지가 왔다. 편지에는 "올해 춘추가 이백 세쯤 되는 백매 봉오리가 톡!하고 터질 것 같다"는 소식이 담겨 있었다. 그는 어느 스님이 지은 「종일심춘 불견춘(終日尋春 不見春)」이란 제목의 오도송(悟道頌)과 「이백의 산중문답(山中問答)」 등 두 편의 시를 동봉해 보냈다. 그러면서 말미에 '모일(某日) 모시(某時)에 수양 청매가 가지를 늘어뜨려 연못을 희롱하고 있는 모헌(某軒)에 모여 달빛 아래서 가야금 산조나 한 곡조 듣자'며 겨울잠에서 갓 깨어난 영혼에 은근하게 불을 질렀다.

세상에, 세상에 이럴 수가 있나. 나는 초계문신도 아니고, 시문(詩文)을 자유롭게 읊는 선비도 아니다. 주말이면 산으로 가는 다만 산중처사일 뿐인데 나를 이렇게 매화시사에 불러내다니. 마음에 불이 붙으니 "인간 이별 만사 중에 좋구나 매화로다 사랑도 매화로다"라는 어디서 들어 본 적이 있는 매화타령 한 구절이 곧 입 밖으로 튀어 나올 것 같다.

"종일토록 봄을 찾았어도 봄을 보지 못하고/ 짚신이 다 닳도록 이랑머리 구름만 밟고 다녔네/ 허탕치고 돌아와 우연히 맡은 매화 향기/ 봄은 벌써 내 집 매화가지 끝에 와 있었네."

편지 속 오도송은 내 마음을 벌써 알아차리고 나를 꾸짖고 있었다. 그래, 봄 찾아 멀리 갈 것 없다. 모리스 마테를링크의 동화에 나오는 파랑새를 찾아 먼 나라로 떠났던 틸틸과 미틸의 이야기를 굳이 들추지 않아도 되겠다. 내가 키우고 있는 손안의 새가 곧 파랑새인 것을. 부처를 찾아 사방천지를 헤매지 않아도 될 것이며 무지개를 좇아 산 너머 먼 곳까지 갈 필요가 없다.

동쪽 하늘에 걸린 이월 보름달이 붉은 기운을 더해 가자 가야금줄이 팽팽하게 부풀면서 '티엥!' 하고 첫 음을 하늘로 쏘아 올렸다. 바로 귀곡성까지도 하모닉스 주법으로 표현한다는 김병호의 가야금 산조였다. 오늘 매화시사가 절정에 이르는 순간이다.

매향과 월색 그리고 산조에 취한 들뜬 마음 위에 술 한잔 끼얹으니 추임새가 저절로 튀어 나온다. '얼쑤 조오타, 조코 말고 얼쑤.'

두향의 단엽백매

전남 승주의 선암사 홍매는 삼월 하순께에 만개한다. 겨울 눈
속에서 피는 설중매(雪中梅)는 '일생을 혹한 속에 살지만 그
향기를 팔지 않는다(梅一生寒不賣香)'고 한다. 늦봄에 피는 홍
매는 따사로움 속에 일생을 살지만 그렇다고 향기를 파는 일
은 없다.

선암사 무우전 옆 돌담에 기대고 서 있는 수령 500여 년이
넘는 홍매 대여섯 그루는 자태와 색깔이 너무 아름답다. 그보
다도 가람의 앞뒤 마당을 빗자루 없이 쓸고 다니는 매화 향기
는 코가 시릴 정도로 향기롭다. 이곳 스님들조차 국가가 지정
한 보물인 승선교, 강선루, 삼층석탑 등은 한편으로 밀쳐두고
홍매와 뒷간(해우소) 그리고 절 입구 숲길을 또 다른 3대 보물
로 꼽고 있다.

오래전 선암사에 첫발을 디딘 날이 마침 홍매가 만개한 날
이었다. 그 색깔과 향내의 감동은 내 감각의 피부에 지워지지
않는 문신으로 새겨져 있다. 그걸 한마디로 줄이면 바로 은혜
였다. 그 후부터 나의 남도여행 일번지는 선암사를 비롯한 벌

교지역으로 정해졌고 요즘도 일 년에 서너 차례씩 들러 선암사의 매력에 푹 빠졌다가 겨우 헤어 나오곤 한다.

예부터 우리 선조들은 고매한 것을 좋아하여 매란국죽을 사군자로 꼽았다. 그중에서도 매화를 으뜸자리에 올린 것은 자태와 품성 그리고 매향이 마음을 사로잡았기 때문이리라. 문화유산답사를 다녀 보면 우리나라 전역의 유명 사찰과 서원 등에는 매화의 기운이 뻗치지 않은 곳이 없다.

화엄매로 불리는 화엄사 흑매(黑梅), 화엄사 길상암 아래 비탈에 서 있는 450년 된 야매(野梅), 백양사 고불매, 통도사 백매와 홍매, 산청 산천재의 남명매, 산청 예담촌의 분양매, 담양 죽림재의 죽림매, 명옥헌 원림의 명옥헌매 등 얼핏 짚어 봐도 이름난 명품 매화들이 수두룩하다.

그동안 우리나라 방방곡곡의 절집과 정자에 있는 매화를 만나 보았지만 기억의 그물 속에 걸려 있는 것은 단 세 곳뿐이다. 첫 번째 손가락에 꼽히는 것이 선암사 홍매이며 그 다음은 산청군 단성면 운리 단속사 터에 외롭게 서 있는 정당매가 그것이다. 고려 말 강희백이 단속사에서 공부할 때 심은 매화이다. 무너진 빈 절터에 홀로 서 있는 고고한 모습은 너무 애잔하여 지금도 망막 속에 떠올리기만 하면 가슴이 서늘해진다.

마지막 것은 한 번도 본 적이 없는 기생 두향(杜香)이 애지중지하던 매분이다. 두향은 18세 때 서른 살이나 많은 단양군수 퇴계를 만나 사랑을 하게 되고 생이 끝나는 순간까지 그리워하는 마음을 지닌 관기였다. 두향은 학문과 예술의 깊이가 예사롭지 않았다. 당시 퇴계는 두 번째 부인과 사별한 지 두 해째 되는 해였다. 매화를 가꾸는 솜씨가 비범한 그녀였으니 매화를 좋아하는 퇴계가 빠져들기엔 충분하고도 남았다.

퇴계는 짧은 임기를 마치고 떠나기 전날밤 두향의 치마폭에 "죽어 이별은 소리조차 나오지 않고 살아 이별은 슬프기 그지없다(死別已吞聲 生別常惻惻)"는 시 한 수를 적어 준다. 두향은 퇴계가 떠날 때 자신의 분신이나 다름없는 매분을 마지막 정표로 가마에 실어 보낸다. 퇴계는 숨을 거둘 때까지 20년 동안 이 매화를 사랑하는 연인 대하듯 애지중지한다.

두향의 분매는 얼음 같은 살결과 옥과 같은 뼈대를 지닌 보기 드문 빙기옥골(氷肌玉骨)이었다. 그 매화는 가지치기를 잘하여 등걸은 드러나고 줄기는 알맞게 구부러지면서 성깃하고 꽃은 드문드문 붙어 있는 최고의 단엽백매였다.

이 매화를 잠시 서울에 두고 고향으로 내려온 퇴계는 못내 그리워 손자 안도를 시켜 자신의 거처로 가져오게 한 적도 있었다. 두향의 혼이나 다름없는 아취고절(雅趣高節)의 분매를 보고 퇴계는 "원컨대 님이시여 우리 서로 사랑할 때 청진한 옥설 그대로 고이 간직해 주오(願公相對相思處 玉雪淸眞共善藏)"라는 글을 짓는다. 이는 사랑할 때 나눈 운우지정을 그리워하며 두향에게 바치는 최고의 헌사가 아니었을까.

퇴계는 임종날 아침 "분매에 물을 주라"고 이르고 두향의 사랑이 꽃망울마다에 서려 있는 매화를 바라보며 조용히 눈을 감는다.

퇴계는 참으로 복 받은 사람이다. 그런 행복한 열반이면 하루에 서너 번이라도 열반과 다비를 반복할 수 있을 텐데.

괴짜들의 귀천

"술배달 자전거 앞뒤에 별판을 붙이고 다니겠다"는 군인이 있었다. 금강산 구룡폭 위에서 그림을 그리다 말고 "천하 명인은 명산에서 죽어야 한다"고 외치며 뛰어내린 화가도 있었다. 정말이다. 지어 낸 이야기가 아니다.

포대령 이기련(1916–1961)은 육사3기생으로 육군 포병 대령이었다. 그는 술이 얼큰해지면 "장군으로 진급하면 술배달 자전거에 붉은 별판을 붙이고 출퇴근하겠다"고 떠들고 다녔다. 함께 술을 마시던 문인 친구들은 그의 말이 헛말로 그치지 않으리란 걸 믿고 있었다. 그는 그런 사람이었다.

포대령은 기가 세고 자존심이 강한 강직한 군인이었다. 다른 한 면으론 술과 예술을 사랑하는 멋쟁이였다. 닥쳐 온 현실이 고개 숙일 것을 강요해도 마음이 시키지 않으면 오히려 더 고개를 쳐들고 맞서 저항했다. 맥아더의 인천상륙작전이 성공하자 포병 18대대장으로 평양에 들어간 그는 입성 첫날 기분이 너무 좋아 술을 마셨다. 미고문관은 "사방이 적인데 지금 술을 마실 때인가"라고 핀잔을 주었다. 그는 권총을 뽑아 고문

관의 귀 옆으로 한 방 쏘면서 "임마, 지휘관은 난데 웬 간섭이
야"라며 소리를 질렀다. 그 바람에 군복을 벗었다.

화가 최북은 조선조 영조 때 사람으로 이름인 북(北)자를 절
반으로 파자한 칠칠(七七)이를 호로 삼았다. 그도 위선을 못
참는 기인으로 아첨과 갑질을 견디지 못했다. 중인 출신이었
지만 재주가 뛰어나 그의 그림을 탐하는 사대부들과 자주 어
울렸다. 하루는 함께 바둑을 두던 왕족이 "한 수 물려 달라"고
했다. 그는 바둑판을 쓸어 버리며 "한 수를 물려 주면 평생 물
려 주다 볼일 다 보겠네" 하고는 자리를 박차고 일어섰다. 당
시 왕족의 코털을 잘못 쑤셨다간 용의 역린을 건드린 것처럼
자칫 목숨이 위태로울 수도 있었지만 그는 아랑곳하지 않았
다.

포대령은 금강산 신계사에 주석하고 있던 효봉선사의 장조
카로 가문도 좋았을 뿐 아니라 경성제대를 나온 지식인으로
학벌도 출중했다. 영국 옥스퍼드 영어를 점잖게 구사했으며
일어, 중국어, 불어, 독일어로도 말 할 수 있었다. 그는 권총
한 방 쏜 탓으로 군에서 쫓겨나와 대구 남문시장에서 배추장
사를 하고 있었다. 어느 날 구상 시인이 소문을 듣고 찾아오자
'말대가리집'으로 자리를 옮겨 그간의 근황을 시인에게 들려
주었다. 그날 포대령은 〈수심가〉를 영어로 불렀다. 시인은 "그
자리에서의 가슴 찡했던 기억을 좀처럼 잊을 수 없다"는 산문
을 써 잡지에 발표한 적이 있다.

칠칠이는 돈이 되는 그림 그리기를 고집하지 않았다. 비싸

게 팔릴 그림도 마음이 내키지 않으면 그리지 않았다. 화조도를 그릴 땐 고귀한 학을 그리시 않고 볼품없는 메추라기를 즐겨 그렸다. 배추, 무, 가지 등 평소에 자주 먹었던 채소를 화선지에 올리는 등 자신이 처한 형편을 그림에 투영시켰다. 그는 그림 솜씨를 자랑하지 않았고 척 하며 우쭐대지 않았다.

채소장사 이기련이 우여곡절 끝에 다시 복직하여 포병사령관으로 근무할 때다. 이곳에서도 미고문관 중령이 건방지게 굴었다. 가만히 있을 포대령이 아니었다. "야 이놈아, 고문관은 지휘관의 보좌관이야. 나는 너보단 나이도, 계급도, 학벌도 더 높다." 그는 45구경 권총을 거꾸로 쥐고 철모를 내려쳤다. 결국 군법재판에 회부되어 '실형 1개월에 형집행정지'라는 희한한 판결을 받았다.

포대령과 최북은 비슷한 점이 너무 많은 괴짜들이다. 어느 고관이 "그림을 그려 달라"고 하인을 시켜 칠칠이에게 부탁한 적이 있었다. 화가는 술에 취하지 않으면 붓 쥐기를 싫어했다. 차일피일 날짜를 미루자 양반은 권세를 앞세워 "곤장깨나 맞아 봐야 정신을 차리겠군" 하며 으름장을 놓았다. 그러자 칠칠이는 '남이 나를 해하기 전에 내가 나를 해치겠다'며 예리한 물건으로 자신의 눈을 찔러 평생 동안 애꾸로 살았다. 자신의 귀를 자른 반 고흐의 자해 소동은 내면의 강박관념이 빚은 사소한 사건이었지만 칠칠이의 자해는 양반의 권위에 저항하는 시대적 분노여서 오히려 값지게 느껴진다.

포대령과 최북은 희대의 멋쟁이들이다. 마음 내키는 대로 사는 것이 그들이 추구하는 최고의 가치이자 멋이었다. 그들은 대자유인으로 낭만이란 파도를 타고 대양을 휘젓고 다녔다. 둘 다 호주가였다. 포대령은 막걸리를 좋아했다. 파티 식탁에 맥주가 나와도 거들떠보지 않았다. 동기생인 노재현 장군의 보살핌으로 일선부대를 벗어나 포병학교 부교장으로 부임한 적이 있었다. 평소에 친했던 베레모를 쓴 문화예술계 인사들이 퇴근 무렵에 찾아오면 그들과 함께 목로집을 전전하는 것을 큰 기쁨으로 여겼다.

두 괴짜들은 엉뚱한 짓들을 저지르고 다녔지만 마음만은 따뜻했다. "산수화 한 점 그려 주게." 화가는 약속한 기일을 한참 미루다가 산 하나를 달랑 그려 주었다. "산은 자리를 잘 잡았는데 물은 어디로 갔어." "화선지 바깥은 전부 물 아니요." 칠칠이는 그림을 부탁한 양반이 마음에 들지 않았던 모양이다. 그렇지만 배고플 때 밥과 술을 먹여 준 가난한 주변 사람들에겐 옆구리에 끼고 다니던 멋진 그림을 던져 주곤 했다.

육군 역사상 적군 묘지를 만들어 준 군인은 아마 포대령이 유일할 것 같다. 종군문인이었던 구상 시인이 포대령이 근무하던 수도사단으로 찾아간 적이 있었다. 그는 산허리에 예닐곱 개의 무덤을 파고 봉분 만드는 일을 감독하고 있었다.

"장병들이 많이 죽었나 보네."

"아니야, 이건 인민군들의 시첸데 혼령들이 떠돌지 말고 저승으로 잘 가라고 묻어 주는 거야."

포대령이 아니면 할 수 없는 일이었다.

"오호, 줄지어 누웠는 넋들은 눈도 감지 못하였구나. 어제까지 너희의 목숨을 거눠 방아쇠를 당기던 우리의 그 손으로…."

시인은 이날의 광경을 「적군묘지 앞에서」란 시로 발표했다.

인생길이 평탄하면 기인이 아니다. 삶 자체가 드라마틱하지 않으면 괴짜 반열에 오르지 못한다.

포대령은 군복 벗기를 두어 번, 그 후 다시 대통령 특사로 복권되어 5군단, 포병학교, 육본 군사발전실 등에서 근무하다 4·19 직후 퇴역했다. 하나님은 그가 술배달 자전거에 별판을 달고 출퇴근하는 청복은 내려 주지 않았다. 다만 영원한 배가본드로 후예들의 기억 속에 오래오래 머물 수 있도록 어느 눈 오는 밤 약수동 고갯길에서 불의의 사고로 숨을 거두게 하셨다.

몸에 지닌 증명서가 없어 7일 동안 거적을 덮어쓰고 누웠다가 수색에 있는 행려사망자 묘지 신세를 졌으며, 7년 후 태릉 사설묘지에 안장됐다.

화가 최북의 임종은 더 슬프게 아름답다. 그의 작품 중에는 〈풍설야귀인(風雪夜歸人)〉이란 멋진 명화가 있다. 술 취한 노인이 눈 오는 밤에 동자 하나를 데리고 성벽 아랫길로 걸어가는 그림이다. 화가는 열흘을 굶다가 간신히 그림 한 점을 팔아 술을 취할 정도로 마시고 집으로 돌아가던 중 눈길에 넘어져 동사하고 말았다. 그 장소가 바로 그림을 그렸던 성벽 밑 돌담길이었다. 우연의 일치라도 이렇게 닮을 수가 있을까.

두 기인의 마지막 가는 길은 내가 본 수많은 영화의 라스트

신보다 더 안타깝고 짠하다. 너무 슬프고 서러워 '하나님 미워요'라고 고함을 지를 뻔했다. 하나님을 노하게 했다간 자칫 나까지 폭설 산행 중 깊은 눈 산에 묻어 버릴까봐 크게 소리를 지르지는 못했다.

까칠한 남자, 추사

추사는 까칠한 남자다. 어느 한 번도 "허허허" 하고 그냥 웃으며 대인의 풍모를 보여준 적 없는 매정한 사람이다. 그는 도리에 어긋난 것을 보면 단호하게 "그건 아니야" 하며 꾸짖었고 맘에 들지 않는 것은 타인의 입장은 전혀 고려하지 않고 타박하고 나무랐다. 그는 냉정했고 인간미가 없었다. 아무도 그의 면전에서 '그게 아니고'란 설명이나 변명을 할 수가 없었다. 가문의 배경과 학식과 지식 등이 범접할 수 없는 카리스마로 작용하고 있었기 때문이다. 어쨌든 추사는 다산과 더불어 조선의 최고 지성이었으며 추앙하지 않을 수 없는 올곧은 선비였다.

추사는 학자이자 예술가로 최고의 경지에 올랐지만 자연과 합일할 수 있는 풍류적 기질과 면모는 보여주지 않았다. 풍류객은 오지랖이 넓으면서 산천과 벗하며 바람과 달을 즐길 수 있어야 한다. 그런 가운데 도반들과 얼려 시를 지으면서 '뚜둥땅 뚜둥땅당' 가야금 소리를 즐기고, 더러는 분내 풍기는 기생들 사이에서 술을 마시며 가는 세월을 붙잡고 밭다리 후리기

52

라도 할 줄 알아야 한다. 정도를 걷는 샌님에게선 바람의 기운을 느낄 수 없다. 간혹 한쪽 다리를 다른 이랑에 걸치고 콩을 훑어 먹으며 쟁기질하는 소처럼 멋을 부릴 줄 아는 멋쟁이여야 한다. 추사에게 그런 멋은 보이지 않았다.

제주도 귀양길에 오른 추사가 전주에 이르렀을 때다. 이 지역에서 이름난 서생인 창암(蒼巖) 이삼만이 찾아왔다. 창암은 원교(圓嶠) 이광사의 필첩을 보고 독학으로 공부하여 일가를 이룬 서예가였다. 그는 천은사 보제루의 대필 현판을 썼고 곡성 태안사의 배알문 글씨를 쓴 이름난 붓쟁이다. 창암 글씨의 묘미는 꾸밈없고 천진스러워 보리밥에 된장국을 끼얹은 것 같은 질박함이 도처에 피어나고 있는 게 특징이다. 붓은 개 꼬랑지를 훑어 만들었고 도장은 고구마에 새겨 찍었다. 얼핏 보면 촌티가 나지만 일세를 풍미하는 풍류객의 면모가 여실히 드러나는 명인이었다.

열여섯 살이나 더 많은 71세의 창암이 글씨 뭉치를 싸들고 귀양길을 걷고 있는 젊은 추사를 찾아와 평을 부탁했다. 청나라에서도 대가로 소문난 추사가 시골 영감의 글씨를 펼쳐 보니 너무 당혹스러웠다. 잘 쓰고 못 쓴 게 문제가 아니라 이미 경지를 이루고 있는 촌티 앞에서 할 말을 잃은 것이다.

"시골에서 글씨를 써서 밥은 먹겠습니다."

찬사가 아니라 비아냥이었다. 추사가 두루마기 자락을 걷으며 방문 밖으로 나가자 뒤에 앉아 있던 제자들이 그를 두들겨 팰 기세로 씩씩거리며 흥분하기 시작했다. 창암은 이렇게 말했다.

"글씨는 잘 쓰는지 몰라도 조선 붓의 해지는 멋과 조선 종이의 스미는 맛은 잘 모르는 것 같구나."

추사는 동국진체의 달인 원교 이광사가 죽고 15년 뒤에 태어난 까마득한 후학이다. 추사는 호남지역에서 원교의 영향력이 너무 커진 것에 기분이 상해 그를 못마땅하게 생각하고 있었다. 청나라를 드나들며 글로벌 시각을 갖춘 추사의 입장에서 보면 조선의 테두리를 벗어나지 못한 이광사야말로 향색이 짙은 골목대장에 불과했다.

추사의 귀양 발걸음이 해남 대둔사에 이르렀을 때다. 냇물이 흐르는 개울 옆 누각의 현판을 쳐다보니 침계루(枕溪樓)라 쓰여 있었다. '계곡을 베고 있는 누각이라, 그 이름 참 좋다'고 생각하고 자세히 보니 조선의 글씨를 망치게 한 원교의 글씨였다. 절 마당으로 올라서니 '대웅보전'이란 법당의 글씨도 역시 그의 솜씨였다. 대둔사 스님인 동갑내기 친구 초의를 만나 안부인사가 채 끝나기도 전에 추사는 이렇게 말했다.

"글씨깨나 안다는 사람이 어찌 저런 걸 걸었는가."

추사는 당장 지필묵을 가져오게 하여 '대웅보전(大雄寶殿)'이란 멋스럽고 힘찬 글씨를 단번에 써내려 갔다.

"이걸 나무에 새겨 법당 처마에 걸게."

추사는 내친김에 '무량수각(無量壽閣)'이란 현판 횡액 하나를 더 써 주며 함께 차를 마시던 선방에 걸게 했다. '자신만이 최고'라는 추사의 아집과 자만이 그가 태어나기도 전에 죽은 한 서예가의 체면과 위신을 무참히 짓밟아 버린 것이다.

추사와 초의는 스물아홉에 만난 친구 사이였다. 초의는 대둔사 승려였지만 차를 만드는 장인에 더 가까웠다. 차를 좋아하는 추사는 초의가 만든 차를 맛본 후 그 맛에 빠져 버렸다. 제주로 유배를 간 뒤에도 스님을 더욱 그리워했다. 그건 인간 초의가 보고 싶은 것이 아니라 그의 손끝에서 빚어지는 차맛을 더 그리워한 까닭이다.

"나는 당신이 보고 싶지도 않고 편지조차 싫다네. 다만 차의 인연만은 끊어 버리지 못하고 있네. 오지도 말고 편지도 필요 없으니 그간 두 해에 쌓인 빚을 한꺼번에 챙겨 보내되 지체하지 말게나. 그러지 않으면 내 몽둥이질을 절대 피할 길이 없을 것이야."

차를 독촉하는 추사의 편지다.

추사는 수시로 차를 보내 주는 초의를 위해 그가 기거하는 선방의 당호 '일로향실(一爐香室)'이란 편액을 멋스럽게 써서 보내 주었다. 그 글씨는 눈으로 보는 순간 찻잔에서 솔솔 피어오르는 차향을 느낄 수 있을 정도였다. 또 '차를 마시며 선정에 들다'는 뜻을 함축한 국보급 명품 글씨 '명선(茗禪)'을 써주며 우의를 다지기도 했다.

추사에 대한 족적을 두루 뒤져 보았지만 호방함이 넘치는 대목은 좀처럼 찾기가 어려웠다. 그러다가 겨우 스캔들에 가까운 흔적 하나를 발견했다. 평양에 간 추사가 죽향(竹香)이란 기생을 만난 것이다. 호가 낭간인 죽향은 시화(詩畵)에 능한 명기였다. 그녀의 시가 『풍요속선』에 실려 있었으며 후대에 이르러선 난초 채색화가 국립중앙박물관에 소장되어 있을 정도의 재원이었다. 죽향은 평양부윤 이두포의 귀여움을 받은 적이 있었으며 그 후엔 자하 신위와 벽오당 나기가 거쳐 가는 등 당대의 풍류를 아는 시인들은 군침을 흘리지 않은 이가 없을 정도였다.

행동거지가 빈틈없이 맵짜기로 소문난 추사도 죽향에겐 반한 모양이다. 그녀를 유혹하는 구애가를 짓지 않았다면 감히 풍류객 반열에 이름을 올리지 못했으리라.

"피리소리 요란하자 구멍마다 향기 나는데/ 노랫소리 이 마음을 길게 끌어당기는구나/ 벌통의 벌이 꽃 찾아가잔 약속을 지키려 하니/ 높은 절개인들 어찌 다른 애간장이 있을소냐."

이날 밤 추사가 꽃을 꺾었는지 어쨌는지는 아무도 모른다. 추사의 글씨는 조선에서 최고다. 그렇지만 평양기생의 치마끈을 잡고 늘어진 추사의 풍류는 시골에서 겨우 떡이나 얻어먹을 창암 이삼만 정도의 수준이랄까.

팔푼 선비 이덕무

칠푼이는 많이 모자라는 사람을 비하하는 말이다. 어쩌면 바보의 다른 이름이기도 하다. 팔푼이는 칠푼이보다는 조금 낫지만 사람됨을 칭찬할 정도는 아니다. 그게 그거다. 의복의 소매 길이에 견줘 보면 쉽게 알 수 있다. 웬만한 멋쟁이가 아니면 칠푼 소매를 입고는 어딜 나서지 못한다. 팔푼 소매도 짧기는 마찬가지다.

오래전, 컴퓨터를 배울 때 강사 선생이 닉네임 하나씩을 지어 오라고 했다. 그때가 풍류공부를 시작한 첫해여서 멋모르고 '팔할이 바람'으로 지었다. 그것이 인터넷에서 사용하는 닉네임으로 굳어져 지금까지 '팔풍(八風)'으로 불리고 있다. 미당의 초기 시 「자화상」에 나오는 "스물세 해 동안 나를 키운 건 팔할이 바람이다"에서 따온 것이 늘그막까지 이렇게 굳건하게 나를 지탱해 줄줄은 꿈에도 몰랐다.

애초의 의도는 내 이름이 '구활'이니까 사이버 공간에서의 별명은 한 단계쯤 낮춰 '팔할'로 정하면 건방지지 않고 내 자신을 낮추는 겸양의 미덕이 그 속에 숨어 있으리라 생각했다.

57

미당의 시구를 고인의 허락도 없이 도용한 죄가 크긴 하나. 그렇지만 죄의식 없이 계속 사용하다 보니 치사하고 부끄러운 일을 수시로 저질러도 부끄러운 줄 모르는 여의도 '구케(?)' 구덩이 속의 사람들처럼 내 자신도 뻔뻔스러워지고 있다.

조선조 후기의 선비 이덕무가 지은 글을 보면 팔푼이란 치수는 그 크기와 너비가 결코 작은 것이 아니었다. 그것은 선과 덕을 닦는 선비가 평생을 바쳐 이루려 해도 결코 도달하지 못하는 높은 곳에 있었다. 그러니까 '팔할이 바람'이라는 무턱대고 지은 별호는 오만과 편견에서 나온 결과의 산물일 뿐 패랭이를 써야 할 사람이 깜냥과 격에 맞지 않는 갓을 쓰고 도포를 입고 나온 꼴이었다.

이덕무의 서재는 기둥이 네 개뿐인 작은 방이었다. 그걸 팔분당(八分堂)이라 이름 지었다. 찾아오는 손님도 없었을 뿐 아니라 오더라도 문밖에서 잠시 이야기하고 돌아갔다. 워낙 누추하여 다시 오고 싶지 않은 곳이었다. 그러나 그는 만족했고 굴속 같은 방에서 책 읽는 것을 기쁨으로 여겼다.

어느 날 찾아온 친구와 팔분당의 크기와 당호의 명칭에 대한 약간의 입씨름이 있었다. 이덕무는 이렇게 말했다.

"내가 보잘것없는 사람이지만 집의 크기를 따져 이름을 지은 게 아니네. 큰 것을 좋아했다면 태산지실(泰山之室)로, 작은 것을 귀히 여겼다면 추호지실(秋毫之室)로 했을 것이야. 그런 모든 것들은 군자가 취할 게 못 되는 거라네."

아파트의 평수에 따라 사람의 가치를 평가하는 오늘의 세태를 이덕무는 그 시대에 이미 꿰뚫고 있었던 것 같다.

하늘에서는 사람이 태어날 때 10푼이란 완전수에 해당하는 성선(性善)을 골고루 나누어 준다. 성장하면서 환경과 물질에 빠지게 되어 본연의 천성이 9푼, 8푼, 7푼으로 내려앉게 되고 그 빈자리는 악이 차지하게 된다. 그래서 보통 사람들은 선과 악을 5푼씩 나눠 갖기도 하고 어떤 이는 4대6, 또 어떤 사람은 2대8 정도로 내려가기도 한다. 악이 10푼으로 꽉 차 회복할 방법을 잃어버린 흉악한 자들도 있다. 그러면 나는 과연 몇 푼 몇 리의 사람인가. 이덕무가 서재의 이름을 '팔분당'이라 했듯이 나도 '팔풍'을 닉네임으로 삼고 있으니 내가 지니고 있는 선이 진실로 '팔푼'에 이르고 있는 것인가.

이덕무는 "하늘로부터 받긴 10푼을 받았는데 세파에 흔들리며 살다 보니 선과 악을 각 5푼씩 갖게 됐다"고 털어놓는다. 그래도 소인배 되는 게 부끄러워 죽을 때까지 선행을 하면 6-7푼 정도로는 올라갈 수는 있으리라 생각했다. 그는 7푼에 주저앉기는 목표치가 너무 낮은 것 같고 9푼을 쳐다보니 분수에 넘치는 것 같아 8푼을 생애 중에 도달할 수 있는 최고의 목표로 정하고 서재의 이름을 그렇게 지었다는 것이다.

주희는 공자의 제자 안회를 두고 "성자의 9푼9리에 접근한 사람"이라고 했고 소옹(邵雍)은 "사마광이야 말로 9푼의 사람"이라고 추켜올린 적이 있다. 예부터 '성인은 하늘을 바라고, 현인은 성인을 바라고, 선비는 현인을 바란다'고 했다. 이덕무 또한 선비로서 현인을 바라는 몸가짐을 평생 동안 견지하면

"7푼과 9푼 사이인 8푼에 이르지는 않겠느냐"고 했다. 그는 언제 8푼에 이를지 몰라 그의 서재가 비좁고 답답해도 넓히지 않고 버텼다.

이덕무는 책과 함께 살다간 흔치 않은 인물이다. 그는 가난했지만 행복했다. 책이 있었기 때문이다. 겨울밤 책을 읽다가 너무 추워 잠을 잘 수가 없었다. 『논어』로는 바람구멍을 막았고 한서는 나란히 잇대어 이불로 삼은 적도 있다. 그렇지만 마음속 깊은 곳에서 일고 있는 풍류라는 바람의 기운은 억제할 수 없었다. 배고픔을 이기지 못해 『맹자』 7책을 200전에 팔아 밥을 해먹고 친구인 유득공에게 달려갔다.

"맹자가 내게 밥 먹여 주데."

유득공 또한 굶은 지가 오래된 터라 친구의 들쑤심을 이겨내지 못하고 『좌시전』을 처분하여 쌀 팔고 남은 돈으로 술을 사왔다.

"좌구명(左丘明)이 손수 술을 따라 주데."

두 사람은 오랜만에 밥과 술에 취해 희희낙락 웃고 즐겼다.

스승이 없다고 한탄할 일이 아니다. 이덕무와 그의 친구들이 나의 스승이다. 그가 '팔분당'을 지키듯 나는 '팔푼이타령'을 흥얼거리며 자연을 벗 삼아 바람과 구름을 즐겨야겠다.

막걸리 하나님

막걸리란 소리만 들어도 기분이 좋아진다. 출출한 해거름에 그 소리를 들으면 기분이 좋아지는 게 아니라 애가 탄다. 소주, 청주, 양주라는 소리는 아무리 헐출해도 '한잔 했으면 하는' 그런 생각은 들지 않는다. 길을 가다 막걸리를 신고 가는 배달 자전거만 봐도 풋고추 된장에 열무김치 같은 안주거리가 연상작용의 끝자락에 매달려 대롱거린다. 하얀 사기 사발에 한 잔 쭈욱.

기독교 가정에서 태어나 술과는 거리가 멀었고 인연도 없었다. 유년주일학교의 모범생으로 하나님이 싫어하는 짓은 거의 하지 않고 성장했다. 성품을 바르게 타고난 것이 아니라 청상과부인 어머니의 엄한 교육과 매질이 비뚜로 갈 수 없게끔 만든 탓이었다. 이웃 또래 아이들은 마른 호박잎을 종이에 말아 담배 피우는 흉내를 내곤 했지만 입에서 연기를 뿜어내 본 적이 없었다.

아이들은 모이기만 하면 온갖 나쁜 짓 한 것을 자랑스럽게 지껄였다. 그중 백미는 술심부름을 할 때 주전자 주둥이에 입

61

을 대고 몇 모금씩 빨아먹고는 빈 만큼 맹물로 채웠다고 했다.
그 이야기는 나로서는 상상할 수 없는 아름다운 '허클베리 핀
의 모험'처럼 느껴졌다. 어머니는 술심부름을 시키지도 않았
지만 그런 어림없는 일은 내 평생에 절대로 일어나지 않을 것
이라고 생각하고 있었다.

어머니의 가슴속에는 하나님 외에 다른 신은 없었다. 쨍쨍
햇볕이 계속 내리쪼이는 어느 여름날 하늘의 하나님보다 조금
더 무서운 다른 하나님이 어머니 앞에 나타났다. 우리 집 서쪽
감나무 밑 살평상엔 흰옷 입은 하나님이 점잖게 앉아 계셨다.

"야야, 읍내 술도가에 가서 술 한 되 받아 오너라."

원 이런 세상에 있을 수 없는 일이 우리 집 마당에서 벌어지
다니.

낯선 하나님께 머리 숙여 인사를 드리고 주전자를 들고 사
립문을 나섰다.

"야야, 빨리 갔다 오너라. 술은 쏟지 말고."

내게도 이런 기회가 주어지다니. 술도가에서 찰찰 넘치도록
담아 준 주전자를 들고 흘리지 않고 걷자니 여간 어려운 일이
아니었다. 동네 아이들의 말이 생각났다. 골목 입구 나무 그늘
에 도착하자 벼르고 벼르던 대망의 술 한 모금을 빨아 목구멍
으로 꿀꺽하고 넘겼다. 시큼한 게 아무 맛도 없었다.

"오다가 쪼끔 쏟았어예."

"날은 더운데 뛰어갔다 오느라 얼굴이 벌겋게 달아올랐구
나."

그날 마신 술 한 모금은 죄가 되지 않았다.

하나님과 어머니 사이의 화제는 가뭄 속에 논에 물을 대는 이야기뿐이었다. 아하, 집에 오신 하나님은 저수지의 물을 관장하는 못도감 영감이었다. 어머니는 논에 물을 넣지 못해 농사가 피롱하면 끼니 걱정은 물론 다섯 아이의 월사금 낼 일이 막막했던 것이다. 하늘의 하나님에겐 그냥 엎드려 기도만 하면 되는 줄 알았지만 수신(水神)격인 못도감 하나님에겐 점칠 때 복채 놓듯 막걸리 한 주전자와 풋고추 된장에 채마밭의 오이라도 쑹덩쑹덩 썰어 놓아야지 기도빨이 잘 받을 것이라고 생각하신 모양이다.

다음 날 새벽 어머니는 거북등처럼 논바닥이 갈라 터진 뒷배미 논에 나가셨다가 희색이 만면하여 돌아오셨다.

"야들아, 오늘중으로 논에 물이 들어온단다."

청상과부의 시중으로 감나무 그늘에서 마신 막걸리 한 되가 철철 넘치는 논물이 되어 돌아오고 있는 중이다. 막걸리 하나님의 권능은 하늘의 하나님보다 훨씬 끗발이 센 것 같았다. 우리 논은 도랑에서 좀 떨어져 있었지만 인부들을 데려와 임시 수로를 내고 물을 끌어넣어 주었다.

옛날엔 전기도 비상선을 넣으면 다른 집은 까막눈이라도 그 집만 환하듯이 못도감 영감이 베풀어 준 수리 혜택은 비상선 전기와 다를 바 없었다. 그해 여름 가뭄은 몇십 년 만에 처음이란 호들갑 속에서도 큰 피해를 입지 않고 추수할 수 있었다. 우리 여섯 식구는 밥을 굶지 않았으며 학교에도 갈 수 있었다.

못도감 하나님의 자비와 어머니의 막걸리 사발 앞에서 드린 간절한 치성 덕분이리라.

하나님이 우리 집을 다녀간 후 또래들 앞에 자신 있게 나설 수 있었다.

"나도 막걸리 주전자를 빨아 봤어."

"그래, 제법이네. 마신 만큼 물을 타면 아무도 모른데이."

그때가 초등학교 삼학년 때였고 내 술이 시작되던 해였다. 따지고 보니 고마운 이들이 한둘이 아니다. 못도감 하나님과 어머니 그리고 막걸리 주전자에 물 타는 법을 가르쳐 준 또래 꾀보들이 고맙고 고맙다. 만나면 술 한잔 나누고 싶지만 죽었는지 살았는지 그들의 소식을 알 길이 없다. 또 그해 여름 가뭄에게도 고마운 인사를 전하고 싶다. 진짜 아멘 할렐루야다.

이렇게 시작한 막걸리 사랑이 깊을 대로 깊어져 못도감 영감보다 한술 더 뜨는 술꾼이 되었다. 슬슬 여름이 짙어지고 있다. 짙은 나무 그늘 아래 술상을 펴고 저승에 계시는 어머니와 막걸리 하나님을 초대해야겠다.

마침 4인조 밴드 '부활'이 "상큼한 너의 그 맛에/ 은은히 빠져드는 나/ 빛깔 좋은 김치 한 접시 놓고/ 신나는 막걸리 파티"라는 〈막걸리 드림〉이란 노래를 만들었다니 그 음악을 풋고추 된장 접시 옆에 올려놓아야겠다.

막걸리 하나님과 어머니께 보낼 초청장은 만들어 두었는데 보낼 방법이 막연하다. 화장터 주변을 서성거리며 맞춤한 인편을 물색해 봐야겠다.

배화교 제사장

나는 불을 좋아한다. 아궁이 장작불에서부터 캠프파이어 등걸불은 물론 벽난로의 잉걸불까지 모든 불이 사랑스럽다. 촛불은 앙증맞고 귀엽다. 변두리 교회에서 크리스마스 캐럴을 부르며 여학생들과 함께 따끈한 국화빵을 먹을 때 촛불이 켜져 있으면 가난한 식탁이 성찬으로 바뀐다.

불은 대체로 밝음과 따뜻함을 동반한다. 옛 주막 입구에 켜둔 술 주(酒)자 등불과 중세 파리 길거리를 밝혔던 가스등은 따듯한 정감과 운치가 동시에 느껴지는 시대의 명물이었다. 나는 불을 사랑한다. 불의 열기가 보내오는 쬐고 싶은 따뜻함이 좋고, 김이 나는 음식의 배부른 포만감도 좋고, 모닥불 곁에서 노닥거릴 수 있는 놀이의 재미도 무시할 수 없다.

인류의 조상들이 불을 얻고 난 후 삶의 질이 좋아졌다. 익은 음식과 따뜻한 잠자리가 두서없이 아이들을 태어나게 하여 종족이 불어났다. 먼 조상들의 생존 흉내를 내는 밀림에서 살아남는 서바이벌 게임에서도 불을 얻으면 성공할 확률은 매우 높아진다. 자작나무 속껍질을 나무판자 바닥에 깔고 화살대처럼 생긴 뾰족한 나뭇가지를 곤추세워 비비면 불을 일으킬 수 있다.

직화구이보다 더 맛있는 요리법은 아직 개발되지 않았다. 화덕에서 구워내는 프랑스 빵 미시(Miche)와 황토벽에 붙여 굽는 인도 음식 난(Naan)과 피자(Pizza)라는 밀가루 반죽도 원시상태를 면치 못한 것들이지만 원형이 손상되지 않은 그 맛은 다른 무엇과도 바꿀 수가 없다.

나는 고기를 좋아하는 편은 아니다. 꼭 먹어야 한다면 직화구이를 선호한다. 영양 일월산 밑에서 털에 윤기가 자르르 흐르는 흑염소를 잡아 단풍나무 숯불에 구워 먹었던 기억은 좀처럼 잊혀지지 않는다. 석쇠를 구하지 못해 모래와 자갈을 분리하는 공사용 철망을 뒤집어 구웠더니 야생의 멋이 살점에 배어 고기 맛은 유별났다. 굵은 소금을 출출 뿌렸을 뿐인데 그렇게 맛있을 수가 없었다.

또 있다. 야생 꿩고기는 그야말로 들판에 퍼질러 앉아 짚단불에 구워 먹어야 제맛이다. 산 그림자가 발목을 적실 때면 사냥꾼들은 대부분 허기에 지쳐 있다. 누가 먼저랄 것도 없이 논바닥에 널려 있는 짚단더미 속에 내장을 뺀 꿩 두어 마리를 던져 넣고 불을 붙인다. 꿩의 깃털은 불에 쉽게 타지 않기 때문에 반숙 상태로 알맞게 익는다. 숯검댕이로 변한 꿩고기를 짚단에 쓱쓱 문질러 참기름 소금에 찍어 한입 베어 물면 그 맛은 기가 막힌다. 물론 소주 한 잔의 흥취는 빠뜨릴 수 없다.

타오르는 불길을 보면 살갑게 느껴진다. 나의 아웃도어 장비 창고에는 불을 일으키는 도구들이 종류별로 쌓여 있다. 행선지와 놀이방법에 따라 장비의 선택이 달라진다. 그것들을 들여다보고 있으면 내 자신이 배화교(拜火敎·조로아스터교)의 제사장쯤 되는 것 같아 혼자 웃는다.

그러고 보니 배화교에 대해 관심을 가진 지가 퍽 오래되었다. 만약 내가 살고 있는 이 도시에 조로아스터교의 신전이나 사원이 있다면 신도가 되어 직급이 제사를 주관하는 장로쯤 됐을 것이다. 배화교는 일신론을 신봉하며 기독교와 유대교에 사후세계와 천사 개념 그리고 메시아 신앙을 심어 주었다. 그것보다 더 중요한 것은 예수그리스도에게 절대적인 영향을 끼친 기독교의 뿌리와 같은 종교이다.

독실한 크리스천으로 평생 '내 앞에 다른 신을 두지 말라'란 계율을 엄격하게 지키셨던 어머니께서도 아들이 배화교의 신도가 되었다고 해도 크게 상심하거나 배신감을 느끼지는 않았을 것이다. "배화교 뿌리에서 기독교가 태어났대요"라고 차근차근 설명 드리면 어머니는 "아, 그게 그렇게 된 게로구나"라며 수긍을 하시겠지.

고향 집 부엌 아궁이 앞에 앉아 솔가지에 불을 지펴 우리 다섯 남매의 밥을 하면서 남몰래 흐르는 눈물을 주체하지 못하셨던 어머니의 모습을 나는 자주 훔쳐보았다. 그건 청상과부의 외로움과 고단함이 빚어낸 탄식이겠지만 신을 향해 절규하면서 기도하는 예배의식인지도 모른다. 어쩌면 어머니가 나보다 먼저 배화교의 신도였을지도 모를 일이다.

이란 남부 에스파한시에 있는 배화교 본당 격인 아테시카데 사원에 가보고 싶다. 거기에는 신도들이 숭배하는 성화(聖火)의 불씨가 수천 년 동안 꺼지지 않고 지금도 타오르고 있다니 얼어 있는 냉담신자로 버티고 있는 내 영혼에 불기운을 쏘여주고 싶다. 가능하다면 배화교 신도들의 장례 풍습인 조장(鳥葬)이 자행되던 현장에도 가보고 싶다. 숨이 끊어진 이승의 몸을 조장터 주변에 어슬렁거리는 독수리에게 내어주어 살점을 뜯어 먹게 한 후 날개를 타고 하늘로 올라가는 신도들의 혼령을 바라보며 기도를 드리고 싶다.

배화교 신도들은 독수리가 돌아오면 영혼은 다시 환생한다고 믿고 있다. 그것은 『자라투스트라(조로아스터)는 이렇게 말했다』는 책을 쓴 니체의 영겁회귀(永劫回歸) 사상과 맞물려 돌아가고 있다. 어머니는 매장 절차에 따라 하늘로 올라가셨지만 내가 배화교 사원에 가는 날 독수리 날개를 타고 신도들과 함께 이승으로 내려오실 것만 같다. 그런 날이 오게 된다면 어머니를 모시고 제사장인 내가 제사를 주관하고 싶다. 어머니가 몹시 보고 싶다.

목로주점의 싸늘한 여인

미국 가수 톰 웨이츠(1949년생)의 노래는 푹 삭힌 홍어를 씹는 맛이다. 맛은 없고 냄새는 지독하다. 콧구멍으로 분출하는 '웨 …' 한 냄새는 화생방 체험장에서 5분을 견디는 고통과 맞먹는 다. 홍어를 처음 먹어 보면 이건 숫제 음식이 아니라 개도 못 먹을 쓰레기다. 웨이츠의 노래도 처음 들어 보면 이것 역시 노 래가 아니다. 과하게 설탕을 끼얹은 에스프레소 커피에 니코 틴이 안개처럼 피어오르는 아메리카 각설이 타령이라면 표현 이 지나칠까.

혀를 홍어 맛에 길들이기는 쉽지 않다. 웨이츠의 노래도 귀 가 거부감을 느끼지 않을 단계로 끌어 올리려면 그것 또한 보 통 일이 아니다. 맛보는 훈련이 모자라면 죽을 때까지 홍어 맛 을 몰라야 하고, 듣는 노력이 부족하면 웨이츠를 알지 못하고 평생을 보내야 한다. 「커피와 담배」라는 영화에 웨이츠를 출 연시킨 영화감독 짐 자무시는 "톰 웨이츠의 음악을 모른다면 인생에서 많은 부분을 잃고 사는 것"이라고 했다. 독립영화의 거장 자무시는 '정신적 허영'을 먹고산 사람이지만 이 말 한마디로 웨이츠를 높이 추켜세웠다.

웨이츠의 음악에는 담배연기와 맥주 그리고 희화 캐릭터처럼 생긴 용모와 비온 다음 날 자갈밭을 굴러가는 마차바퀴 소리 같은 쉰 목소리가 뒤엉켜 있다. 그것은 두엄더미 속에서 켜켜로 쟁여져 썩어 가는 홍어 냄새를 맡은 코에서 터져 나오는 '푸와하악' 하는 비명과 크게 다르지 않다.

웨이츠의 노래를 처음 들으면 '노래를 왜 이렇게 부르지, 이런 것도 노랜가'라는 의구심이 들기 마련이다. 그렇지만 그의 노래를 계속해서 들으면 모르는 사이에 끌려 들어가게 된다. 웨이츠의 음악에는 마약과 같은 중독성이 있다.

웨이츠의 노래 속에 들어 있는 음울한 시가 알게 모르게 슬며시 사람을 끌어당긴다. 막걸리에 절어 있는 듯한 쉰내 나는 목소리와 찡그린 얼굴조차도 그의 예술혼에 단단히 묶여 있다. 그뿐 아니다. 특이한 걸음걸이와 구부정한 어깨는 고독을 한 짐 짊어지고 홀로 산길을 걷는 보부상처럼 처량하고 애잔해 보인다. 거칠고 불쾌한 목소리와 평범한 의상을 전혀 평범하지 않게 소화하는 특출함이 그의 매력이다.

홍어도 그렇다. 맨 처음 만나면 다시 만날까 두렵다. 그러나 그게 아니다. '낯섦'과 '익숙'이 만나 부딪치는 길목에선 자주 만나는 일밖에 다른 왕도는 없다. 홍어도 먹는 연습을 거듭하게 되면 서서히 그 맛을 알게 된다. 하루아침에 홍어 맛을 알 수는 없다. 세월과 함께 흘러가면서 내 마음을 주고 그 대가로 홍어가 품고 있는 맛을 빼앗아 오면 홍어의 진미를 그때서야 알게 된다. 남도 쪽으로 여행을 자주 다니다 보니 홍어와 친해져 숙성되지 않은 날것은 아예 쳐다보지 않고 냄새가 요란한 잘 익은 것들만 친구로 삼는다. 한참 동안 만나지 못하면 꿈에 홍어 먹는 꿈을 꾸게 된다.

웨이츠는 1973년 앨범 '클로징 타임(*Closing Time*)'으로 데뷔했다. 그는 다른 뮤지션들이 아끼고 사랑하는 특이한 뮤지션이다. 셈 많은 뮤지션들은 공공연히 "어느 가수를 좋아한다"는 말들을 하지 않는 것을 불문율로 삼고 있지만 웨이츠의 경우는 예외다. 왜냐하면 웨이츠는 다른 예술가들이 갖지 못한 것을 갖고 있다. 그것은 특유의 읊조리면서 쉰 듯한 가성과 음유시인의 이미지를 전위적인 사운드로 변환시키는 능력이 있기 때문이다.

우리나라에선 박찬욱과 이무영(본명 송충섭) 영화감독이 톰 웨이츠의 열렬 팬이다. 박 감독은 그를 기리는 장문의 글을 쓴 적이 있고, 그의 노래 제목인 〈블랙 윙(*Black Wings*)〉을 자신의 영화 「박쥐」의 영어 제목으로 지으려고 했다니 웨이츠에 대한 애정이 얼마나 깊은가를 짐작할 수 있는 대목이다.

유튜브에 나오는 동영상을 보면 웨이츠의 용모와 의상은 세련미도 없고 산뜻한 기운은 찾아볼 수 없다. 그의 멋은 괴상하며 파격적이다. 지극히 평범한 것 같은데 독특하다. 그의 노래도 그렇다. 암담하면서도 시적인 가사가 샌드페이퍼를 긁는 듯한 그의 목소리로 튀어나올 때 그것은 바로 전율이 되어 살갗을 할퀸다.

톰 웨이츠의 음악을 좋아하는 이들은 남녀노소 관계없이 다양하지만 선호도는 홍어 맛과 비슷하여 그런지 그리 높지는 않다. 그러나 웨이츠를 사랑하는 마니아들은 제목부터 매력을 풍기는 〈식은 맥주와 싸늘한 여인(Warm Beer & Cold Woman)〉이 흘러나오면 사족을 못 쓴다. 마치 연인을 떠나보낸 사내가 차가운 라거 맥주가 미지근하게 식어 갈 때까지 사랑하는 이의 환영에서 헤어나지 못하는 착각 속에서 그 노래를 듣기 때문이다.

괴상한 의상에 별로 잘생기지는 않았지만 웨이츠는 참으로 매력 있는 인간이다. 그는 기인이기 때문에 아무도 부를 수 없는 노래를 혼자 불렀고 어느 누구도 따라올 수 없는 몸짓으로 무대를 장악했다.

그는 음악 파트너인 캐서린 브레넌을 만난 지 4개월 만에 아내로 삼았다. 결혼식은 단 돈 49달러로 결혼사진, 결혼허가증, 주례비, 화환까지 한몫 해결토록 했다니 이것 또한 기인만이 할 수 있는 독특한 행동이다.

내가 살고 있는 이 고장에 탁자가 두어 개뿐인 목로주점이 문을 열고 있으면 좋겠다. 그 가게는 일 년 사철 문 닫는 날 없어야 한다. 스카프를 아무렇게나 두른 주모가 술이 취할 때마다 웨이츠의 〈꽃의 무덤〉이란 노래를 틀어 주면 좋겠다. 그러면 나는 흐느적거리며 춤을 추며 '꽃이 죽으면 누가 그 무덤에 꽃을 꽂아 주겠는가'란 노랫말을 흥얼거리고 싶다.

밤하늘의 트럼펫

골동가게에서 낡은 트럼펫을 산 적이 있다. 여러 번 이사를 했는데도 용케 살아남아 서가의 한 귀퉁이를 지키고 있다. 구입 직후에는 반들거릴 정도로 닦아 불어 봤지만 '뿌우' 하는 단음절의 소리만 날뿐 '솔라시도'는 첩첩산중 먼 곳에 있었다.

트럼펫을 사게 된 동기는 아주 단순하다. 몽고메리 클리프트(애칭 몬티)와 프랭크 시나트라가 출연하는 〈지상에서 영원으로〉란 학창시절에 본 영화를 다시 앙코르 상영관에서 보고 난 후였다. 며칠 뒤 퇴근길에 민속품을 늘어놓고 파는 가게 앞을 지나치다 몬티가 눈물을 흘리며 불던 트럼펫이 깨진 토기 옆에서 외롭게 울고 있는 모습이 눈에 띄었다.

나도 모르는 영화 속으로 빠져들었다. 제2차 세계대전 직전 하와이 미군기지에 미들급 권투선수 출신인 이등병 프로이(몬티 분)가 배속된다. 중대장은 그를 중대 간 권투시합에 선수로 출전시키려 하지만 완강하게 거부한다. 그는 선수시절 시합중 상대의 눈을 멀게 한 전력이 있었기에 다시는 글로브를 끼지 않으리라 맹세하고 있었기 때문이다.

프로이는 부대 내에서 외톨이였다. 유일하게 마음을 주는 친구는 사고뭉치 마지오(프랭크 분)뿐이었다. 마지오는 그에게 평소 앙심을 품고 있는 영창담당 하사에게 죽임을 당한다. 프로이는 이날 밤 연병장 귀퉁이에서 트럼펫으로 〈밤하늘의 트럼펫(적막의 블루스)〉을 울면서 연주한다. 그래도 성이 풀리지 않아 마지오의 원수인 하사를 찾아가 그를 죽이고 자신은 칼에 찔려 큰 부상을 당한다. 그러다가 일본군의 진주만 기습으로 전쟁이 터지자 애인의 집에 피신해 있던 프로이가 부대로 귀대하는 중에 경비병이 잘못 쏜 총에 맞아 죽고 만다. 이때도 주제가인 〈적막의 블루스〉가 프로이의 주검 위로 애잔하게 흐른다. 이 영화를 보면서 '목숨을 버려도 아깝지 않을 친구가 있는가'란 물음을 내 자신에게 던져 보았다.

영화의 명장면은 짠한 여운이 오래 남는 법이다. 몬티가 죽은 친구를 위해 밤하늘 아래서 눈물 속에 나팔을 부는 모습은 내 가슴속에서 좀처럼 지워지지 않았다. 어떤 때는 내가 몬티가 되어 친구의 장례식에 트럼펫을 불고 있는가 하면 때론 내 자신이 프랭크가 되어 친구가 불어 주는 〈일 실렌찌오(Il Silenzio, 밤하늘의 트럼펫)〉를 듣기도 한다. 그동안 세월이 한참 흘렀는데도 몬티의 나팔소리에 빠져 헤어 나오지 못하고 있었으니 트럼펫 하나쯤 가까이 두고 명배우를 추억하는 것도 하나의 예의에 속하는 일이 아닐까.

젊은 시절부터 클래식보다는 재즈를 사랑했다. 요즘도 클래식을 듣다가 지루하다 싶으면 '루이 암스트롱'의 〈왓 어 원더

풀 월드〉를 비롯하여 해리 벨라폰테의 〈쿠쿠루 쿠쿠 파로마〉
와 쿠바의 부에나 비스타 소셜 클럽 등의 음악을 즐겨 듣는다.
그럴 때마다 빈손이 더 심심할 것 같아 소리가 나지 않는 트럼
펫을 입술에 갖다 대고 용천도 하고 발광도 한다. 나는 재즈의
도시 뉴올리언스 어느 악단의 뮤지션이 된 듯 나팔을 흔들며
춤도 춘다. 그것은 메마른 영혼을 촉촉하게 적셔 주는 물 뿌리
는 작업이자 혼자 부리는 최고의 멋이다.

소리를 들을 수 없는 베토벤은 수많은 교향곡을 작곡했지
만 두 귀가 멀쩡한 나는 트럼펫 주자가 되어 니니 로소(Nini
Rosso)의 〈밤하늘의 트럼펫〉 딱 한 곡만 연주하고 싶다. 기막
히게 슬프고 아름다운 그 곡을 내보다 앞서 죽은 친구를 위해
몬티처럼 울면서 불고 싶다. "빠바바 빠바바아."

헛나팔을 불면서 즐거워하는 나는 분명 '오줄' 없는 사람이
다. 가만 있자. 그러고 보니 중국 진나라 때 「귀거래사」를 읊
은 도연명(BC 365-427)이란 대시인이 생각난다. 그는 줄 없는
거문고를 갖고 있었다. 본래 거문고는 여섯 줄을 퉁겨 소리를
내는 악기인데 내가 '오줄'이 없다면 그는 한수 더 위인 '육줄'
이 없는 바보 뮤지션인 셈이다.

그는 술이 거나해지면 줄 없는 소금(素琴)을 끌어안고 두드
리거나 퉁기는 시늉을 하며 나름대로의 음악세계에 빠져 무음
의 소리를 즐겼다고 한다.

"거문고의 흥취만 알면 그만이지 줄에서 나는 소리를 꼭 들
어야 할 필요가 어디 있는가."

도연명이 살았던 그 시대에는 취흥이 도도해지면 거문고를 어루만지며 무슨 산조를 연주하듯 흉내 내는 것을 하나의 아취로 여겼다.

후대에 이르러 유련(柳漣)이란 선비는 도연명의 줄 없는 거문고 음악을 사모하여 이름을 유금(柳琴)으로 개명하고 자를 탄소(彈素)라 했다. 선비는 조선 후기 대표적 학자 중의 한 사람인 유득공의 숙부로 이름과 자를 합치면 '소금을 잘 연주한다'는 뜻이다.

비오는 어느 날, 아리아를 좋아하는 친구가 느닷없이 "자신이 이승을 하직하는 날 푸치니의 곡 〈오! 사랑하는 나의 아버지(Oh, Mio Babino Caro)〉를 장례음악으로 정했다"고 웃으면서 알려왔다. 그 소식을 듣고 온종일 우울했으며 유한한 생명 앞에 약간씩 비굴해지기 시작했다. 그날 밤 늦게까지 술 한 잔 앞에 두고 니니 로소의 〈밤하늘의 트럼펫〉을 듣고 또 들었다. 쓸쓸하고 적막했다.

적막의 블루스

전투에 나설 때 병사가 챙기는 소지품은 아주 단순하다. 사랑하는 이의 사진이 가장 먼저다. 가족 중에서도 어머니의 얼굴, 해맑은 아이의 웃는 모습, 귀밑 솜털이 아름다운 연인의 눈동자 등 하나같이 잃어버리면 다시 찾을 수 없는 소중한 것들이다. 이 외에도 꼭 전하고 싶은 말을 적은 편지, 목숨을 부지해 줄 것 같은 부적, 반지 목걸이 등 작은 선물도 생명의 마지막과 함께하고 싶은 소도구들이다.

영국군 병사 스테판 커밍스도 예외는 아니었다. 그는 IRA(아일랜드 공화국군)의 폭탄 테러로 목숨을 잃었다. 스테판은 군복 안주머니에 "무슨 일이 생기면 열어 보세요"라고 적은 봉투를 전투에 나설 때마다 챙겨 넣었다. 그는 '무슨 일이 생기면'이라고 에둘러 표현했을 뿐 '내가 죽으면'이라고 쓰지는 않았다. 이승의 마지막이 두려웠고 그걸 자신의 펜으로 쓰려니 맨손으로 독사의 대가리를 만지는 것처럼 무서웠으리라.

스테판이 예견한 대로 무슨 일이 터져 버리고 말았다. 기우는 절대로 우려로 끝나지 않는다. 그래서 사람들은 '기우'란 창을 '준비'라는 방패로 막아 내는 지혜를 터득한 것 같다. 편지 속엔 「천 개의 바람이 되어」란 제목의 시 한 편이 들어 있었다. 작자 미상이었지만 소년 병사가 처한 입장과 환경이 너무 닮아 있었다.

"나의 사진 앞에 서 있는 그대/ 제발 눈물을 멈춰요/ 나는 그곳에 있지 않아요/ 죽었다고 생각 말아요/ 나는 천 개의 바람/ 천 개의 바람이 되었죠/ 저 넓은 하늘 위로/ 자유롭게 날고 있죠."

어린 병사가 예견한 기우는 한 통의 편지로 작성되었다. 수신인의 이름은 적혀 있지 않았다. 주검을 발견하여 호주머니에 먼저 손을 넣는 이가 수신인이라는 뜻이다. 편지는 전우의 손을 거쳐 아버지에게 전달되었다. 장례식 날 아들의 편지는 울음 섞인 아버지의 음성으로 BBC방송을 타고 세상에 알려졌다.

이 시는 1932년 미국의 메리 엘리자벳 프레이가 쓴 「내 무덤 앞에 서서 울지 말아요(Do Not Stand at My Grave and Weep)」란 시로 알려져 있다. 시의 전편에 흐르는 햇살, 별, 바람, 새 등 자연의 이미지가 강하게 전해지는 것으로 보아 아메리칸 인디언들 사이에 전승되고 있는 추도사를 시인이 영어로 옮겨 적었으리란 의견이 굳어져 오늘까지 전해지고 있다.

소년 병사의 장례식 아침에 전파를 탄 이 시는 지금까지 수십 년 동안 세계 각지에서 소중한 사람을 잃어버린 상심한 마음을 달래기 위한 애도시로 많이 낭송되고 있다. 일본의 작가 겸 프로듀서인 아라이 만에게 전해져 그가 작곡하고 직접 노래를 부른 것이 유명해지면서 더욱 널리 알려지고 있다. 그 후 2007년 일본 테너 아키가와 마사후미가 '천의 바람이 되어'를 새로 불러 음반 역사를 바꿀 만큼 공전의 히트를 기록하기도 했다.

우리나라에선 팝페라 가수 임형주가 피아노 반주가 이끌어 가는 가운데 호소력 짙은 차분한 목소리로 '천 개의 바람이 된' 슬픈 소년 병사의 마지막을 추모한다. 임형주의 노래는 고 김수환 추기경과 세월호 참사 추모곡으로 헌정되어 추모객들의 눈에 눈물을 쏟아내게 했다. 슬픔의 치료제는 눈물 나는 음악을 들으며 실컷 우는 것이 유일한 솔루션이다.

나는 가끔 슬픔의 도수를 측정하는 버릇이 있다. 정말 슬픔을 수치로 기록할 수 있을까. 미국 남북전쟁 때 있었던 이야기다. 북군 중대장 엘리콤은 어두운 밤 숲속에서 나는 신음소리를 들었다. 가까이 가 보니 남군의 소년 병사가 피투성이가 되어 쓰러져 있었다.

남과 북이 전쟁 중이었지만 중대장은 남군 병사를 의무막사로 데려와 정성껏 치료하도록 조치했다. 나중 경과를 알아보기 위해 막사로 찾아가 보니 이미 죽은 후였다. 알고 보니 소년 병사는 전쟁 중에 없어진 자신의 아들이었다. 음악도였던 아들은 아버지와 상의도 하지 않고 남군에 입대했던 것이다.

중대장은 유품을 정리하기 위해 아들 군복의 호주머니를 뒤져 보니 악보가 적힌 구겨진 종이 한 장이 나왔다. 악보에는 멜로디만 음표로 단순하게 기록되어 있었다. 중대장은 아들 장례식에 군악대 지원을 요청했으나 사령부에선 적군의 장례라는 이유로 거절했지만 단 한 명의 나팔수(Bugler) 연주는 허락했다.

중대장은 아들이 쓴 악보를 군악병에게 넘겨주면서 관이 실려 나갈 때 나팔을 불게 했다. 장례가 끝나고 이 곡은 〈탭스(Taps, 소등나팔 또는 영결나팔)〉란 이름으로 미국 전역으로 퍼져 나갔으며 남북군을 가리지 않고 밤마다 울려 퍼졌다. 소년 병사가 이 악보를 군복 속에 넣고 마지막 전투에 나서지 않았다면 아마 빛을 보지 못했을 것이다.

이태리 트럼펫의 명인 니니 로소가 1965년 〈일 실렌지오(Il Silenzio, 적막의 블루스 또는 밤하늘의 트럼펫)〉라는 곡을 쓰면서 미국 병영의 진혼곡인 탭스의 멜로디를 차용한 것이 지금까지 트럼펫의 불후 명곡으로 전해 내려오고 있다. 이 곡은 「지상에서 영원으로」란 영화에서 몽고메리 클리프트가 친구인 프랭크 시나트라의 죽음을 슬퍼하며 부는 잊을 수 없는 진혼곡이어서 영화를 본 이들의 가슴을 촉촉하게 적셔 주고 있다. 이유 없이 괜히 슬플 때 〈적막의 블루스〉를 들으며 더 진한 슬픔 속에 갇혀야겠다. 빠바바 빠바바아 빠바바.

서재 이름 짓기

이름을 정하는 날이다. 한지에 자활(滋活)과 활(活)이라 쓴 두
개의 쪽지가 공중으로 날아올랐다. 아버지가 던지고 어머니가
집어들었다.

"활 자를 집었네요."

어머니가 한마디 툭 던졌다.

"자활이나 활이나 같은 거요, 활 자 안에도 행렬 자가 다 들
어 있어요."

하늘이 푸르른 가을날 고향집 대청마루에서 있었던 이름 정
하는 놀이가 끝나자 내 본명은 그렇게 정해졌다.

나는 아호가 없다. 필명도 없고 이렇다 할 별명도 없다. 내
나이 네 살 때 돌아가신 아버지가 지어 주신 활(活) 자 한 자만
달랑 매고 다니니까 훨씬 가벼웠다. 또래 아이들이 '구할 구
푼'이라고 놀릴 때는 아버지가 원망스러운 적도 있었지만 그
건 잠시였다. 세월이 지날수록 불타기도 쉬웠고 날아다니기도
한결 편했다. 활활 훨훨.

젊은 시절, ROTC 동기생들이 돌림자를 곡(谷)자로 정한 아

호 하나씩을 지어 운곡이니 풍곡이니 해사며 자랑스럽게 부르고 다녔다. 나도 그럴싸한 호 하나를 지어 벼슬처럼 달고 다닐까 생각해 보다가 이내 고개를 가로 젓고 말았다. 내 깜냥도 깜냥이지만 나의 이름 속에 아호와 필명까지 뭉뚱그려 지어 주신 아버지를 생각하면 불경죄를 저지르는 것 같아 함부로 염을 내지 못했다.

이 세상에 알려진 나의 이름은 오로지 활(活) 자 한 자뿐 다른 어떤 호칭이나 재고번호는 없다. 나의 선후배를 비롯하여 지인들의 상당수가 아호를 가지고 있고 옛 선비들처럼 자(字)까지 지니고 있는 이를 볼 때 '나는 참으로 빈한하다'는 생각이 들기도 한다. 그러나 구활이란 본명을 있는 그대로 풀어 보면 '갖춰서(具) 산다(活)'는 뜻이니 아호가 없음을 그렇게 애달파 할 일은 아닌 것 같다.

마흔 초반부터 틈틈이 써 오던 산문 쓰기가 은퇴 후엔 본업이 되고 말았다. 신문기자에서 문필가로 직함이 바뀌자 주위에서 '아호가 필요할 거야'란 충동질을 해댔다. 그러나 나는 초심을 버리지 않았다. 오히려 '아호가 왜 필요한가'라는 부정적인 쪽으로 기울 정도로 내공은 더욱 단단해졌다.

나의 글쓰기 주제가 고향 이야기에서 문화유산답사로 기울었다가 옛 선비들의 풍류 쪽으로 선회할 즈음에 문득 한 생각이 떠올랐다. 아호는 없지만 서재의 당호는 근사한 것으로 지어 보면 어떨까 싶었다. 서재 이름은 대부분 중국의 고사에서 따온 것들이 대부분이었고 스승을 흠모하는 제자들이 어른의 아호 중에 한 자를 슬쩍하거나 통째로 도용하는 경우도 없지 않았다.

서소(書巢), 서창(書倉), 서굴(書窟) 등 은유와 상징이 결여된 사실화 같은 당호는 전혀 문학적이지 못했다. 송나라 때 유식(劉式)은 '먹글씨로 이뤄진 집'이란 뜻으로 묵장(墨莊)이란 당호를 사용했다. 그가 죽자 그의 아내가 읽던 책 천여 권을 한자리에 모아 놓고 아들들을 불러 아버지의 뜻을 전했다. 그후 청나라 이정원과 호승공이란 사람은 유식의 뜻을 기려 자신의 호를 묵장이라 했다. 서재 이름이라면 이 정도는 되어야지.

에라 모르겠다. 책과 붓 벼루를 사랑한 선비들이 글과 먹(書墨)을 서재 이름 또는 아호로 사용하는 것은 너무나 당연하다. 그러나 풍류를 좇아 낭만의 숲속에 살기를 희원하는 나같이 천학비재한 사람에겐 당치 않는 일이다. 나는 나의 길을 가야한다. 그러나 프랭크 시나트라가 부른 〈마이 웨이(My Way)〉라는 노래가사만 떠오를 뿐 내게 맞는 서재 이름이 좀처럼 생각나지 않아 끙끙댄 지가 꽤 오래되었다.

한학을 하는 아버지 밑에서 서권기 문자향(書卷氣 文字香)을 일찍 체득한 현대의 어느 선비가 서재 이름을 수경실(修綆室)로 지었다는 글을 읽고 '옳다. 이것이다' 싶었다. 수경이란 뜻은 '우물이 깊으면 두레박줄이 길어야 한다'는 뜻이다. 그는 아버지가 길어 올리다만 한학이란 깊은 우물에 긴 줄이 달린 두레박으로 한시도 쉬지 않고 우물물을 퍼 올리고 있다니 이

것 또한 배울 바가 아닌가.

그는 주위의 친지 몇몇이 서재 이름을 지어 달라는 집요한 요청을 거절하지 못하고 아하실(雅何室), 초궁실(楚弓室), 향불헌(香不軒)이란 당호를 지어 주었다고 한다. 아하실은 '방은 크기보다 운치가 있어야 한다'는 뜻으로, 또 초궁실은 '초나라 임금이 사냥 나갔다가 활을 잃어버렸지만 그 장소가 초나라 땅 안이어서 상관하지 않는다'는 고사에서 따왔다고 한다. 나머지 향불헌은 '자신의 삶이 향기로운지를 늘 자문하며 살라'고 그렇게 지었다고 한다.

이거 참 큰일 났네. 내 주위에는 한학에 밝은 스승이나 친구도 없고 그렇다고 명리학에 밝은 역술가를 찾아갈 수도 없다. 가만 있자, 연전에 서재에 대한 원고청탁을 받고 써둔 글이 있는데 그걸 찾아보자.

"내 서재 이름은 류개정(流開亭)이다. 수류화개(水流花開)에서 따온 것이다. 물 흘러가는 계곡에 온갖 꽃들이 만발해 있으니 이보다 더 좋을 수는 없다. 풍류의 극치다. 계류수에 언뜻언뜻 비치는 구름은 덤이며, 꽃덤불 사이에서 들리는 맑은 새소리는 우수다. 중국 송나라 때 황산곡(黃山谷)이란 시인이 읊은 '구만리 푸른 하늘에 구름 일고 비가 오도다. 빈산엔 사람조차 없는데 물이 흐르고 꽃이 피는구나(萬里長天 雲起雨來 空山無人 水流花開)'라는 시에서 비롯된 수류화개가 세월이 흐르면서 풍류를 대변하는 문구로 쓰이고 있으니 어찌 '예술은 길다'라는 말에 이의를 달겠는가."

마감에 쫓겨 허투로 쓴 류개정이란 서재 이야기를 농담에서 건져내 진담으로 돌려놓아야겠다. 선비들이야 책둥지(書巢)를 안고 밤을 새우든가 말든가 나는 꽃이 만발한 개울가에 앉아 막걸리를 마시며 가야금 산조나 들었으면. 그나저나 당호 편액 글씨를 누구에게 부탁하지.

소동파의 초상

서재에 그림 한 점이 걸려 있다. 초로의 노인이 삿갓을 쓰고 띠 풀로 엮은 도롱이를 걸치고 걸어오는 그림이다. 아무렇게나 엮은 도롱이의 지푸라기가 어깨와 등 밖으로 듬성듬성 튀어 나와 있다. 아랫단에서 이어 엮은 허리를 묶은 끈도 맵짜받지 못하고 느슨하고 허술하다. 왼팔뚝이 감싸고 있는 낚싯대가 어깨를 기대고 공중으로 치솟아 있다.

고기 몇 마리 잡아 반찬이나 하려고 여울목으로 나간 모양이다. 갑자기 소나기가 쏟아져 더 이상 버티지 못하고 돌아가는 참이다. 팔에 걸친 대나무 다래끼가 삐뚜로 기울어진 걸 보니 고기란 놈들의 입질이 없었나 보다. 아랫도리는 베잠방이를, 윗도리는 깃이 길쭉한 흰옷을 입고 비오는 날 신고 다니기 좋은 나막신을 끌고 있다.

낚대를 든 촌로는 단순한 시골 영감은 아닌 듯 보인다. 긴 눈썹 아래 야무지게 박혀 있는 두 눈의 눈빛이 형형하고 꽉 다문 입술 위의 팔자수염에는 냉기가 서려 있다. 비록 도롱이 삿갓을 쓰고 고기 망태를 들었지만 빈한해 보이진 않는다. 귀양살이 온 선비가 심심파적으로 고기잡이에 나섰거나 아니면 은퇴한 선비가 산천에 묻혀 자신이 풍경의 일부가 되어 세월을 낚고 있는지 모르겠다.

그림 속의 노인이 조선의 어느 선비와 닮았는지를 어림해 보다가 시간을 잃어 버렸다. 조선조 중종 때 청렴선비 사재(思齋) 김정국을 기억해 내곤 '옳다' 싶어 무릎을 탁 쳤다. 사재는 팔여(八餘)라는 아호를 즐겨 쓰면서 '여덟 가지 넉넉함'을 즐기며 살았던 본받을 만한 선비였다. "토란국 배불리 먹고, 부들자리에서 잠자고, 샘물 실컷 마시고, 서가의 책 읽고, 봄꽃과 가을 달빛을 감상하고, 새소리 솔바람소리 즐겨 듣고, 설중매와 국화향을 넉넉하게 즐긴다"고 팔여라고 했다. 팔여 선생도 가까운 '거랑(개울)'에서 낚시질을 했다 하니 도롱이 노인이 혹시 사재 어른의 초상이 아닐까.

가만 있자, 사재의 초상은 아닌 것 같다. 나는 이 그림을 삼십 수년 전 고서화 전문가게에서 구입한 것이다. 중국 그림은 '우리 풍토에선 수집 대상에서 제외되고 있다'는 사실을 알면서도 그림이 너무 맘에 들어 보는 순간에 얼어붙어 버렸다. 첫눈에 반한 여자는 더러 있지만 까짓 그림 한 점이 이렇게 나를 끌어당겨 놓아 주지 않는 경우는 처음이다. 나는 맘에 들지 않는 그림은 값은 고하간에 오래 지키지 못한다. 떠나보내고 나서 후회한 적이 한두 번 아니다. 도롱이 노인을 내 어린 나이에 돌아가신 아버지쯤으로 생각하고 족자로 표구된 것을 유리액자로 바꿔 지금까지 서재에 걸어두고 있다.

이십 수년 전부터 풍류에 대한 공부를 하면서 새로운 눈뜸이 있었다. 주야장천 내 벽에 서 있는 삿갓 노인이 풍류객의 진정한 모습이란 생각이 들기 시작했다. 그러고 보니 이 그림이 더욱 귀하게 여겨져 하루에도 여러 번씩 쳐다보며 무언의 대화를 나누곤 한다. 그림 속의 노인은 히말라야 눈사태에 파묻힌 젊은 등산가처럼 세월이 지나도 예나 지금이나 그 모습 그대로이다. 그런데 몇십 년 세월이 지나 시신을 찾았단 소식을 듣고 먼 길을 달려온 아내의 얼굴은 파파할머니였다.

내 방의 영감도 나이를 먹지 않는 옛날 얼굴 그대로인데 나는 산사나이 아내처럼 날이 지고 새면서 서서히 늙어 가고 있다. 요즘은 벽을 기대고 서 있는 노인과 말을 터고 농담까지 주고받는 사이가 되었다.

"이봐, 영감 맥주 한잔하게."

뚜껑을 딴 차가운 캔 맥주가 땀을 줄줄 흘리며 빙긋 웃는다.

소동파의 『적벽부(赤壁賦)』에 심취하여 그의 족적을 더듬고 있는 지가 꽤 오래 되었다. 동파는 돌을 좋아하여 삼신산 자락인 사문도(장도)에서 바닷돌(海石)을 주우러 다닌 적이 있다. 그는 자신이 소장하고 있는 설랑석(雪浪石)이라 이름 지은 산수경석을 몹시 좋아하여 그 돌에 대한 시를 쓰기도 했다.

이는 퇴계가 단양군수 시절 두향이란 어린 기생을 사귀다 짧은 임기를 마치고 떠나기 전날 밤 그녀의 치마폭에 "죽어 이별은 소리조차 나오지 않고 살아 이별은 슬프기 그지없네"란 시 한 수를 적어 준 것과 맥을 같이한다. 퇴계는 두향이가 정표로 선물한 빙기옥골(氷肌玉骨)의 단엽백매 분을 너무나 사랑하여 운명하기 직전에 "매화에 물을 주라"는 말씀은 지금도 매화나무 가지에 걸려 흔들리고 있다. 수석과 매화 이른바 풍류를 즐긴 동파 선생이니 더러는 낚시질도 다니지 않았을까.

중국에서는 일찍부터 삿갓에 나막신을 신고 귀양살이할 때의 소동파의 모습을 그린 입상이 선비들 사이에 널리 퍼진 적이 있다. 중국의 문인묵객들은 동파 선생을 흠모하여 그림을 서재에 걸어두고 그의 시와 산문 속에 서려 있는 풍류를 배우려 했다. 당시 중국의 문화를 베끼기에 바빴던 조선에도 그 그림이 들어와 너도나도 그걸 구한다고 설레발을 치곤했다.

한술 더 떠 추사 계열의 선비들은 제주로 귀양가 탱자나무 울타리 속에 위리안치됐던 스승의 불우했던 삶을 소동파의 귀양살이에 견주곤 했다. 동파의 입상 구입 바람이 불자 어느 누군가가 삿갓 쓰고 나막신을 신은 추사의 모습을 그려 그걸 시중에 유통시켰다. 조선의 대표 선비라 할 수 있는 추사를 천년에 한 사람 날까 말까한 위대한 동파에 비견했으나 찬사와 격려치곤 대단한 것이었다. 그러나 정작 추사는 "다 같은 유배객 신세로 떠돌기는 했지만 내가 소동파가 될 수도 없는데 어찌 그에게 나를 빗댈 수 있겠는가"라며 겸손해 했다.

그나저나 벽에 걸려 있는 무림도자(無林道者)란 화가가 그린 삿갓 노인은 내가 상상 속에서 그리워하고 있는 동파 선생과 무척 닮아 있다. 이 글을 쓰면서 힐끗 쳐다보니 도롱이를 걸친 선비 어른은 어깨를 으쓱 추켜올리며 한쪽 눈을 찡긋한다.

"그래, 잘 봤네, 내가 동파 소식(蘇軾)이야. 1037년생이니 올해 구백여든이야. 자네, 사람 볼 줄 아는구먼."

동파 어른의 문하에 들어온 지 삼십 년이 훌쩍 지난 오늘에야 자유인의 초상이 바로 스승의 모습이었음을 겨우 알아냈다. 그러니 그의 문학과 풍류를 배우려면 얼마나 많은 세월이 흘러야 할까. 아득하다. 너무 아득하다.

적벽 풍류

소동파의 『적벽부』는 절창 중의 절창이다. 이만한 풍류가 없고 이를 능가할 문학이 없다. 요즘 유행하는 '명작 명품'이란 낱말로 칭송과 경의를 바쳐도 드리는 말씀들이 오히려 품격이 떨어질 정도다. 『적벽부』는 동파 소식(蘇軾)이 유배지인 황강의 적벽에서 찾아온 손(客) 둘과 뱃놀이를 즐기며 지은 글이지만 단순한 놀이 글이 아니다. 그 글은 대자연 속에서 우주의 경계를 뛰어넘는 영혼의 자유로움을 노래한 위대한 소네트다.

"임술 가을 기망(旣望)에 손님과 배를 띄워 적벽 아래 노닐세, 흰 이슬은 강에 비끼고, 물빛은 하늘에 이었더라. 한 잎 갈대 같은 배를 가는 대로 맡겨 일만 이랑의 아득한 물결을 헤치노라. 술을 들어 서로 권하며, 하루살이 삶을 천지에 부치니 아득한 넓은 바다의 한 알갱이 좁쌀알이로다. 우리 인생의 짧음을 슬퍼하고 긴 강의 끝없음을 부럽게 여기노라. 강 위의 맑은 바람과 산간의 밝은 달은 귀로 들으면 소리가 되고 눈에 뜨이면 빛을 이루도다. 손이 기뻐하며 웃고, 잔을 씻어 다시 술을 드니 안주가 다하고 잔과 쟁반이 어지럽더라. 배 안에서 서로 팔을 베고 누워 동녘 하늘이 밝아 오는 줄도 몰랐어라."

그동안 풍류에 대한 공부를 해 볼 요량으로 옛 선비들이 쓴 서책들을 두루 훑어보았다. 여러 선비 어른들의 시와 시조, 가사들은 후예들에게 귀감이 될 정도로 훌륭한 것들이 엄청 많았다. 혼자 소리 내어 읽다가 무릎을 치며 감동한 경우가 한두 번이 아니었다. 그중에서도 『적벽부』를 읽을 땐 온몸에 소름이 돋으면서 마치 내가 동파의 객이 되어 영원을 향해 흘러가는 물결 위에 드러누워 마냥 떠내려가고 싶었다. 이런 경우를 예술적 허기와 갈증을 한꺼번에 채웠을 때 느끼는 짜릿한 오르가즘이라고 한다면 좀 과한 표현일까.

나만 그런 게 아니었다. 중국은 물론 동파의 정신세계를 동경하던 조선의 선비들은 적벽에 배를 띄운 음력 칠월 기망날 뱃놀이 흉내 내는 것을 '소식 배우기(學蘇)'이자 최상의 풍류로 생각했다. 그들은 배를 타고 즐기면서 『적벽부』 중 마음에 드는 구절을 퉁소 장단에 맞춰 시창(詩唱)으로 부르기도 했다.

"물은 밤낮 없이 흐르지만 한 번도 저 강이 가버린 적이 없고, 달이 저처럼 찼다가 기울지만 끝내 조금도 없어지거나 자란 적이 없다오. 변한다는 관점에서 보면 천지는 한순간도 가만히 있을 수가 없고, 변하지 않는다는 관점에서 보면 만물과 내가 모두 무궁하다오. 그렇거늘 또 무엇을 부러워하리오."

동파 탄생 칠백 년 후인 1742년 임술년 음력 시월 보름 경기도 관찰사 홍경보는 『적벽부』를 본 딴 뱃놀이에 나섰다. 이날은 후(後)적벽부를 지은 날이어서 평소 동파의 시구를 흥얼거리던 그가 도저히 그냥 지나칠 수 없는 날이었다. 관찰사는 동파가 그랬던 것처럼 손 둘을 초청했다. 연천현감 신유한과 양천현령 겸재 정선이었다. 그는 객들에게 글과 그림을 그려 뱃놀이행사를 기념해 주기를 청했고 직접 지은 서문을 넣어 '연강임술첩(漣江壬戌帖)'이란 화첩 세 벌을 만들어 나눠 가졌다.

그는 연천의 우화정에서 손님을 맞아 배에 올랐다. 우화정은 전(前)적벽부에 이름이 알려진 터수여서 적벽선유를 흉내내기엔 더없이 좋은 장소였다. 배가 횡강과 문석을 거쳐 웅연에 닿을 무렵 주거니 받거니 한 술기운은 얼굴로 기어올라 불쾌할 정도를 넘어서고 있었다. 술 힘이 발동하면 모든 것이 눈 아래로 보이는 법. 칠백 몇십 살이나 더 많은 동파를 겁 없이 불러내어 우열을 가리자며 덤비기 시작했다. '풍류는 동파보다 홍경보가 낫고, 임진강의 풍광이 적벽보다 낫다'며 호기를 부렸으나 아무도 말리는 이가 없었다. 그렇지만 관찰사의 설익은 풍류가 조선 최고의 화가인 겸재로 하여금 〈우화등선〉과 〈웅연계람〉이란 두 걸작 그림을 낳게 하여 그것이 오늘까지 전해 내려왔으니 가끔씩 객기도 한번쯤 부려 볼 일이다.

이렇듯 동파의 뱃놀이는 그를 흠모하는 선비 몇몇에게만 영향을 준 것은 아니다. 모르긴 해도 동파 팬클럽을 결성하여 '모일 모시 모처에 모이자'는 통문을 날리기만 하면 아마 인산인해의 장관은 쉽게 구경할 수 있었으리라. 조선의 선비들은 전후 『적벽부』를 지은 임술년 음력 칠월 기망과 시월 보름날을 하나의 명절로 삼았다. 이날은 맘 맞는 친구들과 모여 배를 띄워 시를 짓고 술을 마시며 노래를 불렀다. 임진강의 적벽, 한강 서호의 잠두봉, 용산의 읍청루, 화순의 적벽 등은 임술년만 되면 문인 묵객들이 띄운 배들로 가득했다.

조선조 역관 가문의 후예인 변종운이 쓴 『서호범주기(西湖泛舟記)』를 보자. 1819년 기묘년(순조 19년) 기망날 기원 유한지, 능산 황공, 수월 임희지 등 네 사람이 읍청루 아래 배를 띄우고 이런 대화를 나눴다.

"동파가 적벽에서 노닌 임술 기망만이 강산을 위한 명절은 아니지요. 뒷사람이 오늘 우리가 즐긴 것을 본다면 동파를 보듯 우리를 보겠지요."

"적벽에 비길 것은 아니지만 배 띄우고 달 밝으니 아름답지 않은 밤이 아니라고는 못하겠지요."

"평생 글 짓는 일에 매달려 구차하게 살아 왔으면서 어찌 남들이 알아주기를 바라겠소. 동파가 퉁소를 불던 두 손에게 그랬던 것처럼 술을 들어 내게 권하고 저 물과 달을 아시는지를 왜 물어보지 않는 거요."

"고금을 두루 살펴보니 밝은 달이 그 주인인가 싶으이."

안동 하회마을은 마을 전체가 기망날이 오면 선유줄불놀이를 마을 행사로 벌여 반상이 함께 즐겼다. 달이 오르면 선비들은 배를 타고 마을 건너편 부용대 앞 옥연에서 뱃놀이를 시작했다. 배 위에서 술잔을 기울이다 흥이 돋으면 『적벽부』를 읊으면서 동산 위로 떠오른 둥근달을 희롱했다. 강을 가로질러 매어둔 다섯 가닥의 줄불주머니에서 불가루가 꽃비처럼 흘러내리고 상류에서 떠내려온 달걀불이 강물 위를 수놓는다. 이 날의 클라이맥스는 부용대 절벽에서 솔가지단에 불을 붙인 불덩이가 "불 받아라"는 고함과 함께 강물 위로 떨어지는 순간이다. 동파의 『적벽부』를 기리는 행사 중에는 선유줄불놀이가 아마 최고가 아닌가 한다.

조선조가 끝나고 일제강점기로 접어들자 뱃놀이 풍류가 서서히 자취를 감췄다. 먹고살기가 어려워졌기 때문이다. 풍류가 사라지자 민요풍의 뱃놀이 노래조차 들리지 않게 되었다. 요즘은 풍류의 극치인 보름밤에 뱃놀이 밤배를 띄우지 못한다. 나는 십여 년 전 음력 기망날 동촌 금호강 얼음창고 밑 강물에 동파의 『적벽부』를 기리는 배를 띄워 보려 했으나 뜻을 이루지 못했다. 하는 수 없이 남쪽 강안의 허름한 목로집 이층에서 동파가 손과 더불어 노래 부르며 놀았듯이 무반주 뽕짝 파티를 벌이며 옛 선비들을 추억했다.

생애가 끝나기 전에 임술년이 온다면 친구 두엇을 불러 칠월 기망날 금호강 절벽 밑에 배를 띄우리라. 술과 안주를 싣고 도도한 취흥 속에 동파의 『적벽부』를 내 가락으로 곡을 붙여 소리 한마당을 펼치려 한다. 재즈면 어떻고 헤비메탈이면 어떠랴. 먼 훗날 뒷사람 중에 어느 누가 금호강에 배를 띄워 『적벽부』를 읊던 나를 이야기하는 사람이 있어도 좋고, 기억하는 이 하나도 없어도 그리 안타까워할 일은 아니다. 풍류객으로 살다 서산에 지려 한다.

저승 전화

저승에 살고 있는 친구에게 전화를 건다. '띠리르룽 띠리르룽
….' 두 번쯤 신호가 가더니 "이 전화는 없는 번호이니 헛짓 그
만하고 끊어 주세요"라는 녹음된 음성이 영어로 들려왔다. 그
럴 줄 알았다. 내 전화기에 친구의 번호는 멀쩡하게 살아 있었
지만 친구는 가고 없다.

나는 오늘 전라도 백양사 입구 쌍계루 앞에서 친구에게 전
화를 건다. 이곳이 친구와 크게 인연이 있었던 자리는 아니다.
다만 그가 살았을 적에 단 한 번 통화를 하면서 웃고 즐거워했
던 기억의 한 자락이 소스라치게 그립고 보고 싶은 정을 부추
긴 것이다. 그때도 점심시간이 좀 지난 이맘때였다.

그날 아내와 나는 단풍을 보러 백양사에 왔었다. 영천굴을
둘러보고 내려와 계곡의 너럭바위 위에 갖고 온 도시락을 펼
쳤다. 다른 반찬은 눈에 띄지 않았지만 친구가 직접 잡아 보내
준 메뚜기볶음이 술맛을 끌어안고 춤을 추고 있었다. 아내는
메뚜기 안주에 와인을 마시면서 즐거워하는 내 모습을 찍어
친구에게 카톡으로 보낸 자리가 바로 이곳이다.

저승 세계는 과연 존재하고 있는 것일까. 어릴 적부터 크리스천인 어머니 밑에서 지겹도록 들어온 천국의 존재를 부정하지는 않았지만 확실하게 긍정하지도 못한 채 어영부영 이 나이가 되도록 머뭇거리고 있다. '저승 친구에게 전화를 건다'라고 초두에 운을 떼긴 했지만 그가 살고 있는 곳이 어디쯤인지는 정확하게 알지 못한다.

저승은 이어도 같은 곳이다. 제주 사람들은 배를 타고 떠나 버린 가족들이 못내 그리워지자 이어도라는 천국을 상상 속에서 만들어냈다. 바다에 빠져 죽은 사람들이 이어도에 모여 살고 있다고 믿기 시작한 것이다. 믿음은 맹목이어서 이어도는 종교가 되었고 제주 사람들은 신도가 되었다. 제주 민요인 '이어도 사나'의 끝 구절을 보면 이어도는 섬사람들이 가야 할 저승임을 단정하고 있다.

"이어도 물은 저승 물이요, 이어도 문은 아아아 저승 문이라, 으샤으샤, 어이어사나 아아아 이어도 사나, 으샤으샤."

친구가 죽은 지 삼 년이 훨씬 지났지만 전화번호를 지우지 못하는 까닭은 순전히 그리움 때문이다. 제주 사람들이 바다에 빠져 죽은 피붙이와 떠나 버린 이웃들이 그리울 때면 '이어도 사나'를 청승맞게 읊조리는 것이나 동강변에 살고 있는 정선사람들이 '정선아라리'를 구성지게 부르는 것도 모두 그리움에 불을 질러 자신을 태워 버리려는 안타까운 몸짓에 다름 아닌 것이다.

그리움을 지워 버리는 약은 이 세상에는 없다. '세월이 약이란 유행가 가사가 있긴 하지만 그 약의 효능은 모르핀과 같은 것이어서 약효가 떨어지면 아픔은 되살아나기 마련이다. 그 통증은 지속적이진 않지만 기억을 되살려 주는 어떤 상황을 만나게 되면 발병과 재발을 거듭하는 것이다. 오늘 백양사에서 죽은 친구에게 전화를 건 것도 그리움이란 만성통증을 치유하려는 하나의 솔루션인 셈이다.

그리움은 메르스나 지카보다 더 독한 질긴 슈퍼 바이러스다. 그것은 마음의 결빙 속을 흐르는 눈물과 같은 것이어서 아무리 망각의 강을 건너며 항생제를 덧발라도 상처는 아물지 않고 새살은 돋지 않는다. 이를 어쩌나. 전화번호를 지운다고 해도 기억이 없어지는 것은 아니니 말이다.

그와는 70년대 초에 만났다. 지연이나 학연이 얽힌 것도 아니다. 그는 서울 태생이고 나는 시골이 고향이다. 친구는 분명 나보다 한 살이 많은데 이모저모 따져 보니 학년은 내보다 하나 밑이었다. 그는 내 대학 동기의 사촌동생과 초등학교 한 반이었으니 후배임이 분명했다. 그는 다른 이에게 나를 소개할 때 '내 친구의 사촌형의 친구'라고 소개했고 나는 그를 '내 친구의 사촌동생의 친구'라고 불렀다.

친구가 만년에 지은 아호는 범공(凡空)이었다. 두루두루 비어 있으니 '채울 공간이 많다'는 뜻이라고 했다. 어느 하루는 "우리가 서로서로 비서가 되면 어떻겠느냐"는 제의를 한 적이 있었다. 나는 "좋다"고 동의했다. 그 약속이 있은 후 그는 내가 상경할 때마다 역에 나와 나를 맞아 주었고 떠날 때도 역까지 따라 나와 배웅해 주었다.

그는 저승으로 떠나기 몇 년 전에 경기도 양평에 전원주택을 마련하여 동네 노인들과 달밤에 막걸리를 마시며 곧잘 전화를 하곤 했다. 또 '바람 불고 비오는 날 수종사에 올라 풍경소리를 함께 듣자'고 약속했지만 내가 지키지 못한 것이 약간의 한으로 남아 있다.

친구는 내 어머니가 세상을 버렸을 적에 영정사진이 내려다보는 빈소에서 경야(經夜)를 함께한 적이 있다. 그때 내 생각에 '만약 친구가 나보다 먼저 가버리면 그의 관 곁에서 밤샘을 하는 경야보은을 해야겠다'고 다짐했었지만 지켜지지 못했다. 전화번호를 지우지 않고 저승까지 가지고 가야겠다. 저승 아파트 몇 동 몇 호에 살고 있는지 그걸 물어봐야지. 만성통증이 또 도지나 보다.

문득 그대

'늘뫼'는 친구의 아호다. 그는 '항상 산에서 살고 싶다'는 소망을 담아 그렇게 작호한 것이라 했다. 호를 갖기 전에 내가 '우수(又睡)'라는 별호를 지어 준 적이 있다. 그는 아침형 인간으로 새벽 3시쯤 일어나 친지들에게 시 한 편씩을 배달하다 보니 잠이 모자랐다. 함께 산행에 나설 땐 차만 타면 졸았다. 그래서 또 '우(又)' 자와 잠 '수(睡)' 자를 엮어 '또 잔다'는 뜻으로 지은 것이다. 그 호가 맘에 들지 않아 '늘뫼'로 바꿨나 보다.

시 배달을 마치면 바로 산행에 나선다. 하루도 거르는 날이 없다. 한겨울에는 상하 우모복으로 중무장하고 나선다. 동네 앞산에 올라 해뜨기를 기다린다. 그의 버릇은 솟아오르는 아침 해를 와작와작 씹어 먹는 것이다.

그는 새벽 산행 파트너로 나를 끌어넣으려고 만날 때마다 아침 해 먹기의 장점을 설명했다.

"햄버거 먹듯 해를 씹어 먹으면 위장이 튼튼해진단다. 시험 삼아 한번 해봐."

그는 장거리 산행을 떠나는 날은 출발장소 부근의 국밥집에 미리 나와 술국 안주로 막걸리 한 통을 마신다. "해장술이 해로울 텐데"라고 말하면 "아침 해를 씹는 대신에 마시는 술은 몸에 이로워" 하고 능청을 떨었다.

내가 새벽 산행을 거절한 이유는 아침형 인간이 아니기 때문이다. 만약 새벽잠이 없었더라면 목사가 됐을 것이다. 어머니의 소원은 자식이 목사가 되는 것이어서 기도 제목이 '아들 목사, 아들 목사!'였다. 나는 일찍 일어나 새벽기도에 나가느니 차라리 천당이 아닌 곳으로 가는 게 나을 것 같아 일찌감치 목사 되기를 포기한 사람이다. 고등학교를 미션 스쿨에 다닌 탓으로 또래 친구들은 목사도 되고 장로도 되었다. 그러나 나는 하나님이 창조하신 산천을 찾아다니며 아름다운 풍경을 지어 주신 그 은혜를 칭송하는 풍취(風醉) 찬양대원이 되고 말았다.

늘뫼는 산악인이자 스쿠버 다이버이며 자생란을 키우는 난 전문가(蘭人)다. 재주와 능력이 탁월하기도 하지만 호주가로 더 명성이 높다. 격식을 차려 가며 술을 즐길 때도 있지만 때론 너무 집착하여 술의 진경을 터득하느라 앉아 있는 자리에서 자신이 누구인지 잃어버릴 때가 아주 많았다.

그가 술과의 전쟁을 벌일 때마다 시인 조지훈 선생이 정한 주당 18단계 중 급수가 어디쯤인지를 가늠해 본다. 술과 함께 유유자적하거나 주도 삼매에 빠져 있는 주선(酒仙)의 경지까지는 이르지 못한 것 같고 주도를 수련 중인 초급 유단자 경지에는 오른 것 같다.

하루는 이런 일이 있었다. 체육대회 운동장에서 대취와 미취의 경계선에 있는 딱 한 잔이 어느 잔인지 몰랐다. 그걸 홀딱 마셔 버려 옷을 입은 채로 실례를 하여 독도보다 더 큰 황색 섬을 양쪽 엉덩이에 그린 적도 있다.

우린 동갑내기였다. 그는 사고뭉치였지만 매력 있는 인간이었다. 그가 저지르고 다닌 행동은 하나같이 해프닝이었다. 악우들과 함께 지리산 종주를 할 때였다. 남녀 혼숙인 벽소령 산장 안에는 화장실이 없다. 자다 일어나 밖으로 나가면서 혼자 중얼거렸다.

"아휴, 옆에 여자가 없으니 잠을 잘 수가 있어야지." 그가 지껄인 소리가 미처 잠들지 못한 사람들이 다 듣게 됐다. 키들키들.

나의 산문집 『바람에 부치는 편지』가 출간되자 의논도 없이 출판기념회를 열겠다는 통지문을 보내왔다. 봉투에 적힌 발신자의 이름이 '강백(江白)'으로 되어 있었다. 마할리아 잭슨이란 여가수가 부른 〈깊은 강(Deep River)〉이란 흑인 영가는 들어본 적이 있지만 '하얀 강'(White River)이란 뜻의 강백은 도무지 짐작이 가지 않았다.

아내와 함께 모임 장소인 식당에 도착하니 '구활 선생 출판기념회'란 사인펜 글씨가 구석자리 벽면에 큼지막하게 쓰여 있었다. 손님이라곤 한 사람도 보이지 않았다.

"강백아, 인사 드려라." 잘생긴 흰색 진돗개 한 마리가 마루 밑에 앉아 있다가 제 이름 부르는 소리를 듣고 일어나 꼬리를 흔들었다. 개 이름이 강백이었다. 오! 내 친구, 개새끼.

늘뫼는 술(酒)도, 산(山)도, 바다(海)도, 난(蘭)도 모두 버리고 떠났다. 아침 해를 향해 달리는 마차를 타고 낮게 흔들리며 '스윙 로우(Swing Low, Sweet Chariot)'를 부르며 그렇게 하늘나라로 가버렸다. 아침 해가 하늘에서 내려다보니 새벽마다 헛 키스를 해대는 꼴이 너무 가여워 가까이 와서 신나게 입맞춤을 해보라고 그렇게 요르단 강을 건너게(over the jordan) 한 것이리라. 임금을 짝사랑하다 미쳐 버린 지귀(志鬼)를 어여삐 여긴 선덕여왕이 금팔찌를 벗어 비렁뱅이 총각의 가슴팍에 얹어 준 것처럼 말이다.

붉은 태양을 과식한 탓인지는 몰라도 어쨌든 그를 열반에 들게 한 원인은 위암이었다. 새벽 해장술을 끊지 못한 까닭도 공복의 쓰린 고통을 알코올의 마취효과로 다스린 것 같다. '항상 산에 살고 싶다'는 아호의 뜻은 이뤘지만 다시는 만날 수 없는 친구를 생각할 때마다 너무 보고 싶고 너무 그립다.

친구를 묻고 산을 내려오면서 밭두렁에 앉아 평생 흘릴 눈물을 다 쏟아냈다. 달구질할 때 마신 뿌연 막걸리가 맑은 눈물이 되어 두 눈으로 내려 빠지는 것 같았다. 소원이 있다면 그가 저승에서 난장이가 쏘아 올리는 작은 공처럼 아침 해를 동쪽 하늘에 띄워 올렸다가 붉은 놀 속의 저녁 해를 잠자리채로 거둬들이는 그런 소임을 맡았으면 좋겠다. 남은 생애 동안에 문득 문득 네가 보고 싶으면 나는 어쩌나. 아, 인생은 하루 해보다 짧구나.

달빛 아래 푸른 오두막 두 채

어머니는 동무가 많지 않았다. 지연, 혈연, 학연 중에 어느 것 하나 드러내 놓고 자랑할 것이 없다. 지연으로 치면 나의 고향이 된 경북 경산 하양이란 농촌에서 태어나 아이 다섯 낳고 청상과부로 고생만 하시다가 돌아가셨다.

혈연 또한 별것 아니다. 일가친척이 별로 없다. 한약방집 무남독녀로 태어났으나 영감이 아들을 보겠다며 들여놓은 첩실의 소생들을 돌보느라 꽃 같은 이팔청춘을 고스란히 날려 보냈다. 나의 외삼촌 되는 남동생 둘과 이모 되는 여동생을 끔찍이 사랑했으나 그들은 그리 오래 살지 못하고 어머니보다 훨씬 앞서 떠나 버렸다.

학연도 시원찮다. 초등학교 4학년 중퇴를 한 후 배움에 대한 허기를 이기지 못하고 서당에 찾아가 열여덟 살이 될 때까지 한문과 붓글씨 쓰기에 매달린 것이 공부의 전부였다. 자식들의 교육을 위해 도시의 단칸방으로 이사를 와 보니 정붙일 곳이 없었다. 한때는 야간성경학교에 등록하여 영어와 헬라어를 배운다며 골몰하시다가 입맛에 맞지 않아 알파벳 연습장을 아궁이 속으로 던지셨다.

어머니는 서당 공부에의 미련을 버리지 못하셨다. 붓을 들고 먹을 갈아 온종일 글쓰기에 매달리셨다. 몇 달이 지나 자신감이 생겼는지 김삿갓 시집과 두보 시집을 사오라시더니 화선지에 본격적인 작품 쓰기를 시작하셨다. 어머니의 글씨체는 살은 빠지고 뼈대만 남은 전형적인 아녀자의 물목 글씨였다. 이러다 보니 이웃 아낙들과 어울려 수다를 떨 기회조차 없었다. 주일에 잠시 교회를 다녀오는 일 외에는 지필묵이 유일한 동무였다.

이 글의 서두를 시작하면서 어머니는 동무가 없는 외톨이라고 말했지만 젊은 시절엔 고향의 교회 쪽 사람들이 우리 집으로 몰려와 북적대곤 했다. 때론 교회 청년들까지 아코디언을 메고 찾아와 열린 음악회를 열기도 했다. 그럴 때마다 어머니는 감자를 삶거나 찌짐을 부치기도 하고 끼니때가 되면 푸짐한 푸성귀 반찬으로 비빔밥을 만들어 내셨다.

도시 생활은 공동체의 소속감이 없는 황량한 삶이었다. 그래서 어머니께서는 '살아도 사는 것이 아니'란 말씀을 입에 달고 사셨다. 어머니는 어쩌다 한 번씩 고향으로 내려가 '조선네'란 별명을 가진 어릴 적 동무를 만나 타향살이의 서러움과 풀리지 않는 화투패 같은 인생살이를 하소연하는 것으로 외로움을 달래곤 하셨다.

조선네는 어머니가 아장걸음을 걷기 시작할 때 만난 최초의 동무였다. 세 살 위인 조선네가 밥숟갈만 놓으면 집으로 찾아와 어머니를 들쳐 업고 동네 구석구석을 돌아다녔다고 한다. 조선네는 힘도 세고 성실이 괄괄하여 성장기간 동안 튼실한 보호자 역할을 했다고 한다. 그리고 조선 천지에 모르는 것이 없을 정도로 별난 성미여서 조선네란 별명을 어머니가 지어 주었다는 것이다. 나는 지금도 호적부에 얹혀 있는 조선네의 이름은 모른다.

내가 네 살 되던 해 세상을 버린 아버지와 외할머니의 묘소가 고향 뒷산에 있다. 추석날 성묘를 마치면 우리 식구는 줄을 지어 조선네 집으로 들어가 점심을 먹었다. 조선네란 이름값을 할만치 음식 솜씨가 좋아 탕국, 돔배기, 조기, 소고기 산적, 나물 등 어느 것 하나 맛없는 것이 없었다.

고향의 시장 상인들은 다 안다. 명절 장을 보기 위해 조선네가 나타나면 "별난 할마시 떴다!" 하고 사발통문부터 먼저 돌린다. 그들은 옳은 물건을 내놓지 않으면 벼락천둥이 떨어진다는 것을 경험으로 알고 있다. 특히 돔배기는 '양재기'라 부르는 귀상어만을 고집하셨는데 상인들이 '알아서 모시는' 덕에 항상 최고로 맛있는 것을 확보할 수 있었다. 내가 돔배기와 소고기 산적을 좋아한다는 걸 알고 추석 밥상에 별도 쟁반으로 차려 주시면서 "활이는 이걸 잘 묵니라"고 한말씀을 하신다.

조선네는 딸 넷과 아들 둘을 두었고 어머니는 딸 셋에 아들 둘을 낳으셨다. 그 집과 우리 집 자녀들의 이름을 세로로 쓰고 순서대로 줄을 그으면 사다리가 된다. 맏딸들은 동갑내기로 여중을 마치고 교사 임용고시에 합격하여 그 집 맏아들인 수영이와 내가 하양초등학교 4학년 때 교사로 부임했다.

세월은 흘렀다. 조선네도 늙어 가고 어머니도 여기저기 아픈 데가 많아졌다. 어머니가 고향에 볼일이 있으면 열일 제쳐두고 조선네 집은 반드시 들렀다. 피차 살날이 얼마 남지 않았기 때문에 한 번이라도 더 얼굴이라도 보겠다는 뜻이었다. 조선네의 건강이 좋지 않다는 걸 눈치 채고 있었지만 어머니께서는 일체 말씀하지 않으셨다. 이제 생각해 보니 조선네의 건강과 당신의 건강이 한 끈에 묶여 있는 것이라고 그렇게 짐작하고 계신 것 같았다. 소꿉동무라는 인연이 이렇게 질긴 줄은 몰랐다.

조선네가 돌아가시고 이삼 년 뒤 어머니는 치매 증상을 보이기 시작하셨다.

"선비 양반, 나를 하양 갱빈(강변의 사투리)에 데리다 주소. 갱빈에만 내려주면 우리 집을 찾아갈 수 있지러. 조선네 만나 이야기 좀 하구로."

그때부터 어머니는 어린아이로 돌아가 아들인 나를 이웃집 선비 양반이라 불렀다. 골반뼈가 부러져 걷지도 못하는 어머니는 고향 갱빈으로 가겠다며 등으로 밀고 현관문을 나서기 일쑤였다.

치매의 끝은 바로 임종이었다. 어머니의 유일한 동무 조선네가 경산공원 묘원에 묻힌 걸 알고 나도 어머니의 묘소를 소꿉동무 옆 자리로 모시기로 작정했다. 조선네보다 삼 년 늦게

107

태어난 어머니는 조선네보다 오 년쯤 더 사시다가 미수의 나이로 소천하셨다. 어릴 직엔 앞집 뒷집에 살았던 소꿉동무들이 불과 오십 미터 떨어진 곳에 각자 유택을 마련했으니 이승보다는 낯선 저승의 삶이 눈물 나게 외롭지는 않을 것 같다.

밤이 이슥하여 달빛이 두 개의 푸른 잔디 오두막을 비추면 메마른 영혼들은 소꿉놀이 바구니를 들고 나와 어릴 적부터 해 오던 대로 운명의 굴레를 굴릴 것이다. 그런데 나는 살면서 많은 친구를 사귀었지만 조선네 같은 친구는 아직 만나지 못했다. 많은 것은 없는 것보다 못하다는 걸 조선네와 어머니의 우정을 통해 배운다.

마들렌 빵집

우리 동네에 마들렌(Madeleine) 빵집이 문을 열었다. 빵을 그리 즐기지는 않지만 마들렌이란 이름에 끌리는 게 있어 언젠가 들러 봐야겠다고 생각하고 있었다. 세상일이 다 그런 건 아니지만 벼른다고 실행에 옮겨지는 것은 아니다. 그런데 마들렌 빵집은 이 길을 지나칠 적마다 '한번 들어와 보지도 않고 그냥 갈 거야' 하고 시비를 거는 것 같았다.

빵집과 나 사이에 밀고 당기는 간격의 실랑이는 시가 되고 때론 수필이 되었지만 눈길을 피하는 외면으로 일관했다. 그러기를 두어 달이 지났을까, 어둠살이 끼는 초저녁에 그 집 앞을 지나다 보니 오늘은 더 이상 빠져 나가지 못하고 진짜 마들렌 빵집에서 잃어버린 시간을 찾을 것 같은 우아한 착각에 내 자신이 묶이는 것 같았다.

통유리 진열장 옆에 달린 밀문을 열고 들어갔다.

"마들렌 빵 있습니까."

"우리 가게 빵은 모두가 마들렌인데요."

"혹시 『잃어버린 시간을 찾아서』란 소설에서 주인공이 먹었다는 그런 마들렌 빵이 있습니까. 홍차에 찍어 먹으면 맛과 향이 좋은…."

"우리 가게는 잃어버린 시간을 파는 빵집은 아닌데요."

젊은 여자 점원과 농담을 계속하다가는 본전도 못 찾을 것 같아 홍차 아니라 꿀에 찍어도 맛이 없어 보이는 목침처럼 생긴 빵 하나를 옆구리에 끼고 나왔다.

『잃어버린 시간을 찾아서』란 책을 산 적은 있지만 읽지는 못했다. 앞부분의 십여 페이지를 읽긴 읽었는데 재미가 없었고 문장도 너무 길었다. 앙드레 모루아는 "세상에는 마르셀 프루스트의 소설을 읽은 사람과 읽지 않은 사람 등 두 종류의 사람이 있다"고 말한 적이 있다. 읽은 사람의 부류에 들기 위해 책을 샀지만 결국 안 읽은 부류에 속하고 말았다. 재미에 치중하면 깊이를 잃어버리는 것을 그때는 알지 못했다.

일본의 무라카미 하루키가 쓴 『1Q84』라는 소설에 주인공 덴고와 아오마메의 대화에 이런 구절이 나온다.

"프루스트의 『잃어버린 시간을 찾아서』를 읽어 봤어요?"

"당신은."

"난 교도소에 간 적도 없고 어딘가에 오래 은신한 적이 없었어요."

"주위에 누군가 다 읽은 사람은 있어요?"

"없을 걸요. 아마."

그들도 나와 비슷했다. 그렇다고 프루스트 탐구를 위해 도둑질한 죄로 감방에 갈 수도, 산사에서 면벽 가부좌하고 참선

하는 스님이 될 수도 없어 실로 난감했다.

그런데 스페인의 최고 레스토랑인 엘 세에르 데 칸 로카의 셰프는 프루스트의 『잃어버린 시간을 찾아서』에서 힌트를 얻어 마들렌 향이 느껴지는 '오래된 책(old book)'이란 디저트를 창조해 냈다. 100년 전에 출간된 책의 속지를 기름에 넣어 향을 추출한 에센스를 투명 액체로 만들어 그걸 종이 과자에 뿌려 마들렌의 맛을 풍기도록 한 것이다. 책을 읽지 않고서는 이런 고통이 수반되는 작업을 해내진 못했을 것이다.

옛날에 봤던 영화나 소설을 모두 기억할 수는 없다. 기억하고 있는 것조차 완벽하진 않다. 기억은 시간이 지나면서 치매 노인의 뇌처럼 망가져 쉽게 망각으로 이어진다. 생각 속에 어쩌다 떠오르는 장면들은 왜곡되거나 부풀려져 덧칠한 그림처럼 투명성을 잃게 된다.

어쩌면 프루스트도 그런 과정을 겪은 끝에 『잃어버린 시간을 찾아서』란 소설을 썼을지도 모른다. 어린 시절 그는 빵집 진열장에 있는 마들렌 빵을 보기만 했지 먹어 본 적이 없었다. 콩브레란 마을에 머물 때 일요일 아침마다 레오니 아주머니 방으로 아침인사를 하러 가면 곧잘 홍차나 보리수 차에 적셔 주는 마들렌을 그때 처음으로 맛보기 시작했다. 그때 아주머니가 베풀어 준 마들렌이란 미각의 향년은 오랜 세월 동안 소년의 의식 속에 무의식으로 잠재되어 있다가 작가가 된 후 화산처럼 폭발한 것이리라.

그렇다. 프로이트는 기억하고 싶은 것만 기억하려는 '선택

적 망각'이란 이론을 제시한 적이 있다. 자신에게 불리한 것이나 중요하지 않은 기억들은 무의식 영역으로 밀어내 버리고 유리한 기억만 뇌리 속에 보존하려는 인간의 알량한 습성을 이렇게 정의한 것이다. 소설 속 마들렌의 기억도 이 같은 범주에서 크게 벗어나지 않는다.

또 우리의 뇌는 한 가지 일을 회상하려고 할 때 이미 저장되어 있는 다른 기억들을 쉽게 잊어버린다. '망각 적응설'로 알려진 이 이론은 홍차에 적신 마들렌의 이야기를 글로 쓸 때 이전에 먹었던 다른 음식의 맛들을 깡그리 잊거나 잃어버린 게 이 이론과 맞아 떨어지는 것이다.

프루스트의 입심 좋은 긴 문장에는 이렇게 쓰여 있다.

"홍차에 적신 마들렌이 입천장에 닿는 순간 형용하기 어려운 감미로운 쾌감이 어디선지 모르게 솟아나 나를 휩쓸었다. 그 쾌감은 사랑의 작용과 같은 투로 귀중한 정수를 채우고 나로 하여금 삶의 무상을 아랑곳하지 않게 하고, 삶의 재앙을 무해한 것으로 여기게 하고, 삶의 짧음을 착각으로 느끼게 하였다."

프루스트가 기억하는 마들렌 향이 오금이 저릴 정도로 오묘한 것일까. 혹시 그의 기억이 왜곡된 함정이랄 수 있는 오류의 덫에 걸린 것은 아닐까. 기억이란 놈은 '마음 내키는 아무 곳에나 드러눕는 개'처럼 주인의 말을 듣지 않고 제멋대로 노는 싸가지 없는 괴물이다. 내가 먹어 본 목침 마들렌이 별 맛이 없었다고 이렇게 딴죽을 거는 것은 아니다.

프루스트의 마들렌은 기억 속에서 건져낸 한 조각 추억의 빵일 뿐이다. 그 추억을 아름다운 하얀 쟁반에 담으면 생각하면 할수록 그립고 아쉬운 회상거리가 된다. 작가도 홍차에 적신 마들렌의 맛과 향을 회상 차원에 올려놓고 쓴 글이 바로 『잃어버린 시간을 찾아서』란 불후의 명작이 아닌가 싶다.

나에게도 콩브레 마을의 레오니 아주머니 같은 정겹고 친절한 이웃 아주머니가 풋보리를 찧어 만든 개떡을 사카린 물에 찍어 먹여 주었더라면 나도 잃어버린 시간을 찾아다니는 유명 작가가 되었을지도 모른다. 내 의식의 곳간에 차곡차곡 쟁여져 있는 기억들을 아무리 뒤적여 봐도 마들렌 빵과 같은 아름다운 것들은 하나도 건져 낼 수가 없다. 고향마을의 어린 시절을 생각하면 아린 기억들만이 내 영혼의 빈칸을 채우고 있다.

노을 해변

구름과 노을은 풍류객의 노리개다. 양나라 도홍경이란 선비는
벼슬을 마다하고 술이 좋아 산속에 숨어 지냈다. 임금이 선비
를 불러 "산속에 무엇이 있느냐"고 물었다. "고개 위에 흰 구
름 많지요. 혼자 즐길 수는 있어도 임금님께 갖다 드릴 수는
없지요"라고 대답했다. 다음 임금도 벼슬을 주려 했지만 구름
과 놀면서 나아가지 않았다. 술독을 동자처럼 거느리며 함께
살다 죽었다.

　청나라 장조가 쓴 『유몽영』에 이런 구절이 있다.

　"풍류는 혼자 누리되 다만 꽃과 새의 동참은 허용한다. 거기
에다 안개와 노을이 찾아와 공양을 한다면 그건 받을 만하다.
세상일 다 잊을 수 있지만 여태 담담할 수 없는 건 좋은 술 석
잔이다."

　풍류객들은 이렇게 구름과 노을을 벗하면서 항상 술단지를
끼고 살았다.

　"하루의 노동을 마친 태양이/ 키 작은 소나무 가지에/ 걸터
앉아 잠시 쉬고 있다/ 그 모습을 본 한 사람이/ '솔 광(光)이다'

큰소리를 지르는 바람에/ 좌중은 박장대소가 터졌다/(중략) 술잔 몇 순배 돈 후/ 다시 쳐다본 그 자리/ 키 작은 소나무도 벌겋게 취해 있었다/ 바닷물도 눈자위가 볼그족족했다."(허형만의 시 「석양」 중에서)

내가 그 자리에 앉아 있었으면 참 좋았겠다.

나는 노을 지는 해변에 앉아 맘 맞는 친구와 이런저런 얘길 나누며 막걸리 한 잔 마시는 걸 소원으로 삼고 있다. 그런데 그게 잘 안 된다. 요행히 해넘이 풍경이 멋진 곳을 찾아가도 술상 차릴 여유가 없거나 이런저런 이유로 번번이 좋은 기회를 놓치고 만다.

수첩에는 서해 일몰 명소들이 숱하게 적혀 있지만 붉은 줄로 뭉개 버린 곳은 몇 곳 없다. 언젠가는 찾아봐야 할 곳이지만 생애 중에 그게 가능할지 의문이다. 나열하면 백령도 두무진, 강화 석모도, 화성 궁평리, 당진 왜목마을, 태안 꽃지해변, 서산 간월암, 서천 마량리, 부안 채석강, 영광 백수해안, 신안 도리포, 무안 오강섬, 함평 돌머리, 신안 홍도, 하의도 큰바위 얼굴 해변 등등 이루 말할 수 없을 정도로 많다. 얼추 다녀오긴 했지만 느긋하게 앉아 석양주 한 잔 마신 곳은 그리 많지 않다.

좋은 환경을 찾아나서는 것을 경제학자들은 '발로 하는 투표(Vote with Feet)'라고 한다. 그러면 시와 술을 즐기는 풍류객들이 멋진 산천을 찾아 나서는 걸 뭐라고 말해야 하나. 풍경은 눈으로 즐기는 것이니 '눈으로 하는 투표(Vote with Eyes)'라면 틀린 말일까.

이 글의 서두에 말했던 양홍경과 『유몽영』에 나오는 선비처럼 벼슬도 마다하고 안개와 노을을 벗하고 살면 배짱과 내공은 저절로 쌓일 것 같다. 나의 경우 벼슬은 원래 없었던 것이니 임금이 부를 까닭이 없다. 그러니 꽃과 새들이 노니는 곳을 찾아다니기만 하면 구름과 노을은 덤으로 따라올 터이니 세상 잡사와 근심에게 공양 받을 필요가 어디 있겠는가.

일출과 일몰은 태양이란 주연 배우가 하루에 펼치는 연극이다. 하루를 시작하는 해돋이는 감동적이지만 해넘이는 너무 황홀하여 신비적이다. 아마 종교가 생성된 시간대는 서쪽 하늘을 주황으로 물들이는 저녁 무렵이 아닌가 싶다.

해가 지면 어디선가 조종 소리가 들린다. 태양 앞에서 빛을 발하던 모든 물상들은 해가 지는 순간에 검은 옷으로 갈아입는다. 이 시간만큼은 기도처럼 엄숙하다. 이 세상의 모든 제사장과 사제 그리고 성당의 종지기까지 검은 옷을 입고 의식을 주관하는 것도 일몰의 신비와 분명 관계가 있을 것이다. 아침 하늘의 붉음은 대낮을 불러오지만 저녁 하늘의 붉음은 어둠을 불러오기 때문이다.

어둠의 장막을 걷는 일출은 새날 새 아침을 여는 종소리 같고 그것은 희망과 용기로 가득 차 있다. 반면에 하루를 마감하기 위해 하늘의 구름과 바다의 물결까지 온통 붉게 색칠하는 그 장려한 낙조는 관조(觀照)의 풍경을 연출한다. 아침 해가 수평선 위로 뛰어오를 땐 불끈하고 반 박자 빠르게 도약하지만 서(西)으로 지는 저녁 해는 목숨이 임종하듯 그렇게 아깝게 아깝게 자지러진다.

노을이 아름다운 석양 풍경에 갇혀 있으면 자신도 모르게 겸허해진다. 노을은 맨 꼬랑지에 달려 있는 하루의 부록이다. 눈이 부신 태양도 괘불걸이에 매달린 탱화처럼 서쪽 하늘에 걸리면 바로 열반에 들어야 한다. 그 황홀한 노을의 붉음도 결국 어둠의 색깔인 검정으로 환원하고 만다. 이 얼마나 장엄한 광경인가.

버킷리스트에 적어 둔 노을 해변으로 자주 찾아가야겠다. 하루의 임종을 조문하면서 막걸리 한 잔 마시며 슬픔에 젖어 봐야겠다.

저녁 종소리

가을 들판을 보면 마음이 넉넉해진다. 벼 이삭이 고개를 숙인 황금 들녘에 서면 그렇게 감사할 수가 없다. 밀레의 〈만종〉 속에 서 있는 남편처럼 모자를 벗고 아랫배 위에 두 손을 모으고 경건한 마음으로 기도를 올리고 싶어진다. 그럴 때면 뜻이 하늘에 닿아 여태까지 애원하고 갈구해 오던 이루지 못한 것들이 모두 이뤄질 것 같다.

"가을에는/ 기도하게 하소서/ 낙엽들이 지는 때를 기다려 내게 주신 겸허한 모국어로/ 나를 채우소서/ 가을에는/ 사랑하게 하소서/ 오직 한 사람을 택하게 하소서/ 가장 아름다운 열매를 위하여 이 비옥한/ 시간을 가꾸게 하소서."(김현승의 시 「가을의 기도」 중에서)

가을이 오면 은혜로운 물결로 출렁이는 황금 들판을 자주 걷는다. 자전거 바퀴에 감겼다가 풀리는 촉감 좋은 좁은 흙길을 휘파람을 앞세워 걸어가고 있으면 어디선가 종소리가 들려온다. 고향집에서 듣던 성당의 삼종소리가 희미하지만 질기게 귓가를 맴돈다.

그것은 어쩌면 밀레의 그림을 볼 때마다 들려오던 바로 그 종소리다. 그러니까 고향의 저녁 종소리가 〈만종〉이란 그림 속으로 전이되었다가 그것이 오늘처럼 들길을 걸을 때 '댕 댕 댕…' 하고 들리는 바통을 받아 달려온 릴레이 종소리임이 분명하다. 소리의 기억이 연상작용을 일으키면 성당 첨탑에서, 그림 속 교회당으로, 다시 들판의 바람으로 이어져 끝없이 종소리를 울리나 보다.

잘 그려진 명화(名畵)는 반절로 접어도 각각 다른 두 개의 그림이 된다. 그렇지만 밀레의 〈만종〉 속 첨탑의 종소리는 그림이 되고 음악도 된다. 그 종소리는 화면 밖으로 튀어나가 돌아오지 않는다. 이미 그림이 음악으로 바뀌어 가을이 오는 길목 들판을 서성이는 내 귀에까지 도달했으니 예술은 정말 위대하다. 그 종소리가 이명(耳鳴)이란 고질병으로 깊어져 평생 못 고친다 해도 후회하지 않으리라.

밀레는 고향 바르비종을 사랑하는 마음과 그 사랑이 빚어낸 풍부한 색채를 그림 속에 꼭꼭 심어 두었다. 그리고 가을을 맞아 한 해의 결실을 수확하는 이곳 주민들의 순박한 마음씨가 한데 어우러져 '만종'이란 위대한 종소리를 만들어낸 것이다. 종소리는 종지기의 줄당김에서 시작되는 출발은 있어도 끝나는 마지막은 없다. 들리지 않는다고 그 소리가 소멸되는 것은 아니다.

〈만종〉을 그린 계절은 가을이다. 감자를 캐고 난 뒤 마른 풀더미가 화면 뒤쪽으로 밀려나 있고 저녁꺼리 낱알 감자가 바구니에 담겨 있다. 멀리 보이는 아득한 지평선 끝 교회의 첨탑에서는 가을걷이가 대충 끝난 들판을 향해 저녁 종소리를 울리고 있다. 종소리 다음에는 햇빛과 비와 바람을 내려 주어 풍성한 결실을 맺게 해 준 하늘을 향해 노래를 바치는 일도 빠뜨리지 않는다. 찬송의 제목은 모르긴 해도 〈놀라운 은총(Amazing Grace)〉쯤 되리라고 감히 짐작해 본다.

가을 들판에 들리는 저녁 종소리에 집착하게 된 것은 고향에 대한 그리움 때문이다. 러시아 민요 중에 종소리에 관한 것들이 많다. 〈저녁 종소리〉〈트로이카의 작은 종〉〈종소리는 단조롭게 울리고〉 등의 노래가 실려 있는 CD를 사러 시중 서점에 나가 봤지만 내가 원하는 종소리는 구할 수 없었다.

"저녁 종! 저녁 종!/ 얼마나 많은 생각이 떠오르는지/ 어린 시절 고향/ 내가 사랑하던 아버지 집이 있던 곳/ 난 저녁 종과 이별했네"라는 아주 낮은 저음으로 부르는 〈저녁 종소리〉란 노래를 듣고 싶다. 러시아인이 아닌 이방인들도 이 노래를 들으면 향수에 젖어 든다는데 내게도 머잖아 아름다운 음악을 들을 수 있는 행운이 오겠지.

〈만종〉의 부부 곁에 감자 바구니가 놓여 있다. 감자는 이곳 사람들에게는 빵을 만드는 밀과 함께 주식에 가까운 식량이다. 밀레는 이 들판에서 두 개의 그림을 그린 것 같다. 하나는 〈만종〉이며 다른 하나는 〈이삭줍기〉다. 〈이삭줍기〉는 머리에 수건을 쓴 세 사람의 여인네가 밀 이삭을 줍는 광경을 그린 작품이다. 이 그림에는 교회의 첨탑은 보이지 않고 배경 화면에는 밀단을 노적 볏가리처럼 쌓아 두고 있다. 밀레는 〈만종〉에서는 감사를, 〈이삭줍기〉에선 가난을 그린 것 같은데 그건 내 어릴 적 고향 풍경을 그린 것이나 크게 다르지 않아 보인다.

나는 감자에 대한 특별한 애정을 갖고 있다. 어릴 적 우리 집은 쌀이 주식이었지만 감자도 버금가는 귀한 양식이었다. 고향집 바깥마당을 감자밭으로 일궈 양식이 귀할 땐 감자와 푸성귀를 넣고 죽을 끓여 끼니를 때울 적도 있었다. 어느 날 어머니는 우물가 대여섯 평쯤 되는 별도의 채마밭을 내게 떼어 주시며 감자 농사를 지으라고 명하셨다.

일찍 세상을 버려 아버지 없이 자라는 아이에게 자립심을 길러 주는 방편이었겠지만 초등학교 삼학년짜리 일꾼에겐 벅찬 노동이었다. 또래 친구들을 불러 모아 일손을 빌려 보았지만 특별히 먹을 만한 군것질거리가 없을 땐 거들어 주지 않았다. 혼자 감자 농사를 지으며 몇 번이나 몸살로 끙끙 앓아 누웠지만 농사를 그만두게 하지는 않으셨다.

농사를 짓는 과정은 호된 시련이었지만 흰 감자, 자주색 감자를 추수하여 포대기에 퍼 담을 때의 뿌듯함과 즐거움은 무엇과도 바꿀 수 없었다. 그것보다는 "우리 아들 다 컷네"란 어머니의 칭찬이 무엇보다 더 큰 격려가 되었다. 지금도 감자전과 푸실푸실하게 삶은 감자를 즐겨 먹지만 논매기 철에 멸치를 넣은 감자조림 맛은 혀끝에 생생히 남아 있는 그리운 미각이다.

내 책상 왼쪽 벽에는 빈센트 반 고흐가 희미한 램프 밑에서 그린 〈감자 먹는 사람들〉 그림이 붙어 있다. 원화가 A4용지에 흑백 그림으로 내려앉은 볼품없는 것이지만 보면 볼수록 정감이 간다. 추수한 감자를 삶아 일을 거들어 준 동무들과 함께 먹던 어릴 적 생각이 난다. 가을이 깊어질수록 추억이 여물어 간다.

섬마을 스님들의 사랑이야기

바닷가 마을에는 이야기와 전설이 많다. 그 이야기는 대부분 험한 날씨와 파도가 만들어낸 작품이다. 바닷가 여행 중에 아름다운 사랑이야기 한 자락을 전해 들으면 그렇게 재미있을 수가 없다. 목욕탕 옷장 안에 떨어져 있는 오백 원짜리 동전 한 닢 주운 것처럼 반갑고 기쁘다.

이번 겨울여행 코스를 목포 앞바다에 떠있는 네 개의 섬으로 잡았다. 안좌도, 팔금도, 암태도, 자은도 등 이른바 신안의 진주팔찌로 비견되는 곳이다. 오랜 세월 동안 여행을 함께 다녀 더 친할 것도, 더 예쁠 것도 없는 다섯 도반들이 동행이다.

전남 압해도 송공선착장에서 암태도로 들어갔다. 네 섬 중 좌장 격인 안좌도 선착장 정자 어귀에서 갖고 온 찰밥과 라면으로 점심을 때웠다. 이곳 동네 사람들이 궁금한 듯 기웃거렸지만 그게 뭐 대순가. 우린 '등 따시고 배부른' 작업을 하고 있는 중인데.

우리는 이곳에서 4.3킬로미터 떨어진 두리마을에서 박지섬을 거쳐 반월섬으로 연결되어 있는 '천사의 다리'로 가야 한다.

1,496미터의 다리를 건너 섬 일대를 둘러보는 것이 첫 목표다. 두리에서 박지까지는 547미터, 박지에서 반월까지는 915미터 인데 걸으면 걸을수록 신나고 재미있다.

이곳 천사의 다리는 들물 때보다는 썰물이 져 갯골로 물이 빠져나간 다음이라야 다릿발이 훤출해 보인다. 바다의 속살인 갯벌은 흑백사진의 질감 그대로다. 그 갯벌 너머로 주황으로 놀 진 하늘에서 붉은 해가 보내주는 하루의 마지막 메시지를 읽는 기쁨은 무엇과도 바꿀 수 없는 멋진 일이다.

첫 다리를 건너 박지섬에 도착하니 '중노두 전설'이란 작은 표지석이 발길을 붙잡는다. 박지섬과 반월섬은 갯벌을 사이에 두고 마주 보고 있다. 박지 뒷산에는 작은 암자가 있었고 반월 섬에도 암자가 있었다. 박지에는 젊고 예쁜 비구니가, 반월에 는 잘생긴 비구 스님이 살고 있었다.

두 남녀 스님은 서로 얼굴은 보지 못했지만 멀리서 어른거 리는 자태만 보고 사모하는 정이 서서히 키워지고 있었다. 들 물일 땐 바닷물이 가로막고, 썰물일 땐 허벅지까지 빠지는 갯 벌이 가로막아 서로 오갈 수 없었다. 달 밝은 보름밤이면 반월 섬에서 들려오는 목탁소리가 바다 건너 박지섬으로 은은하게 들려왔다. 그럴 때마다 비구니 스님에게도 무언가 모를 그리 운 정이 깊어 갔지만 염불과 목탁소리로 화답하는 수밖에 다 른 도리가 없었다.

세월은 무심하게 흘러갔다. 어느 날, 해탈이 그러하듯 반월 섬의 젊은 스님의 생각 속에 한 소식이 스쳐 지나갔다. '이러고만 있어선 안 돼.' 스님은 그날부터 망태기에 돌을 담아 박지섬을 향해 부어 나갔다. 다시 세월은 흘러갔다. 돌망태가 쌓은 돌무지 길의 키도 쑥쑥 자라기 시작했다.

1년이 지나고 2년이 지나갔다. 보다 못한 박지의 비구니 스님도 광주리에 돌을 이고 갯가로 달려 나왔다. 서로가 돌을 이고 지고 돌무지 길에 부어 나갔지만 부끄러워 손 한 번 흔들지 못했다. 바닷길은 조금씩 가까워져 갔지만 예쁘고 잘생긴 두 사람의 얼굴엔 주름이 잡히기 시작했다. 이미 중년의 남자와 중년의 여인으로 변모한 것이다.

그러나 그들의 작업은 멈출 줄 몰랐다. 눈보라가 칠 때도, 바람이 불어 몸이 날릴 지경이 되어도 두 스님은 사랑의 돌무지 길을 매듭 엮듯 엮어 나갔다. 시작은 끝이 있는 법. 어느 날 드디어 그날이 왔다. 한 망태의 돌과 한 광주리의 돌이 물속으로 부어지는 순간 더 이상 바다가 아니었다. 섬과 섬이 연결되면서 거칠다 못해 부르튼 두 손이 마주 잡혔다. 두 사람은 서로의 얼굴을 바라보면서 하염없이 눈물만 흘리면서 부둥켜안고 서 있었다.

그들은 너무 오래 달려왔고 너무 멀리 와 있었다. 어느새 들물이 들어 바닷물이 불어나기 시작했다. 갯벌을 덮고 발끝에서 찰랑대던 바닷물이 정강이께로 차올랐다. 그러나 둘은 떨어질 줄 몰랐다. 이 광경을 보고 있던 양쪽 마을 사람들이 소리소리 질렀지만 사랑하는 두 연인의 귀에는 그 고함이 들리지 않았다.

동네 사람들이 배를 띄워 급하게 노를 저어 달려왔다. 그러나 바다는 그들의 사랑을 데불고 영원 속으로 사라진 뒤였다. 다시 썰물 때가 되어 바닷물이 빠져나간 갯벌에는 긴긴 사연을 적은 돌무지 길이 길다랗게 누워 있을 뿐이었다."

나는 표지석을 보는 순간 이 사연을 머릿속에서 영화로 찍었다. 그 영화는 반월섬을 돌아 나무다리를 걷는 두 시간 내내 상연되었다. 시방 글을 쓰며 보는 것은 재상영 중인 조조할인 영화다. 그렇지만 싸구려 영화는 아니다.

기억과 추억 사이

카키색 양복 한 벌을 내가 살던 동네 세탁소에 맡긴 적이 있다. 그 동네가 어딘지는 정확하게 알지 못한다. 시골에서 도시로 처음 이사 와서 어머니와 함께 단칸 셋방을 살 때인지, 방두 개짜리를 얻어 전세를 살던 동네인지 전혀 기억이 나지 않는다. 분명한 것은 색깔이 너무 고상하고 근사했던 양복을 세탁소에 맡긴 후 찾은 적이 없다는 사실이다.

한때는 그 양복의 단추 색깔과 깃의 너비며, 양쪽 뒤트임 등 디자인까지 훤하게 기억할 수 있었는데 세월이 갈수록 기억의 색깔은 점차 바래지고 있다. 잃어버린 양복에 대한 기억은 몇십 년째 나를 따라 다니고 있지만 요즘은 그게 사실인지 아닌지도 모른 채 희미한 추억의 한 자락으로 변해 가고 있다.

낮 시간에는 "그건 너 의식이 꾸며낸 착각이야" 하고 안쓰러움이 묻어 있는 손길로 내 스스로를 다독이지만 꿈속에서는 아직도 잃어버린 양복을 찾아 세탁소마다 기웃거리고 다니는 걸 보면 내가 맛이 좀 가긴 간 모양이다.

기시감(旣視感)이란 말이 있다. 간단하게 말하면 기억의 오류다. 현재 눈에 보이는 것이 과거 어느 때에 체험한 것 같으나 그것이 언제였는지는 기억하지 못하는 의식을 말한다. 한 번도 경험한 적이 없는 상황이나 장면이 경험했거나 본 것처럼 느껴지는 기억의 오작동을 일컫기도 한다. 그러고 보니 나의 머릿속에 있는 기억의 회로 하나가 혈관의 피가 안 통하듯 소통 상태가 좋지 않아 '기억 경색'을 일으켰음이 분명하다.

그것은 분명 기억을 고아로 만든 시간의 허방이다. 나는 지난 삼사십 년 동안을 잃어버린 기억을 찾아 꿈속에서 그 양복이 있을 만한 세탁소를 찾아 계속 헤매고 다녔다. 앞으로 얼마나 더 진펄의 굴헝을 밟고 다녀야만 오랜 방황의 세월이 끝날지 모르겠다.

기억의 종류에는 서술기억, 절차기억, 정서기억 등 여러 가지가 있다. 우선 서술기억은 과거에 경험했던 일이나 보고 배웠던 것들이다. 열심히 노력했던 공부도 여기에 포함되는데 아쉽게도 영구보존이 잘 안 되는 단점을 지니고 있다. 이 기억은 알츠하이머와 같은 질환에 쉽게 공격당하는 뇌 부위에 저장된다. 따라서 자칫하면 클릭 한 번 잘못으로 모든 것이 삭제되듯 언제든지 사라질 위험에 직면해 있다.

절차기억은 수영이나 자전거 타기처럼 그것이 습관화되어 뇌와 근육에 박히게 된다. 이 기억은 훨씬 오래 살아남는다. 이것들은 뇌의 기저핵과 운동을 담당하는 소뇌에 심어지기 때문에 생각 속의 기억들은 잊어버려도 기본적인 몸동작은 자연스럽게 재현된다.

128

정서기억은 너무 질겨 아무리 잊으려 해도 잊히지 않는 기억이다. 이 기억은 두려움과 분노는 물론 포근함과 따스함까지 포용하고 있다. 정서기억은 뇌의 가장 깊은 곳인 뇌질환에도 타격받지 않는 편도체라는 곳에 보관된다. 때문에 외부의 충격에도 강하다. 이것은 시간이 흐를수록 대뇌 피질 곳곳에 분산 보관되기 때문에 이미 잊힌 기억까지도 되돌림이란 키하나만 눌러도 재결합이 가능하다.

그리운 어머니에 대한 사무치는 정과 용서받지 못할 자의 용서할 수 없는 분노는 달이 가고 해가 가도 좀처럼 지워지지 않는다. 성경에도 "용서하라, 용서하라"고 다그치고 있지만 용서하기가 어찌 그리 쉬운 일인가. 이런 것들이 정서기억에 속한다. 나의 양복에 대한 기억도 이렇게 오랜 세월 동안 잊히지 않는 걸 보면 정서기억의 범주에 속하는 것일까.

기억은 전부 추억할 수는 없지만 추억은 모두 기억할 수 있다. 그래서 기억은 '명사'적 성분이 강하고 추억은 '동사'적 맛을 낸다. 기억은 단순하게 '과거에 있었던 일'을 뜻하지만 추억은 '그 속에서 놀던 때'를 그리워하는 것으로 다분히 행위적인 것을 내포하고 있다. 그래서 머빈 르로이 감독의 「마음의 행로」라는 영화에서 보듯 기억을 상실한 남편이 과거를 기억하지는 못하지만 진한 추억이랄 수 있는 옛 살던 집의 열쇠 하나로 기억을 회복하는 것을 볼 수 있다.

남도여행을 떠났다가 전라도 강진에서 마량으로 들어가는 길목의 가막만 바닷가 탈의실 옆에서 늦은 점심을 먹을 때다.

이곳은 가막섬에서 만호섬을 지나 서중마을로 이어지는 '바다가 보이는 풍경 길'이었다. 이 바다 역시 꿈에서 만난 듯한 너무나 낯익은 풍경이어서 깜짝 놀랐다. 바다 풍경은 마침 흐린 날이어서 수묵으로 대충 그린 스케치 작품과 비슷했다. 왜 내 영혼은 노쇠하지도 않고 잠들지도 못하고 이런 기시감에 계속 시달려야 하는가.

큰 바위 얼굴

땅의 생김새가 그곳에서 태어나는 아이들에게 크게 영향을 끼친다고 풍수들은 믿고 있다. 대표적 사례가 산 모양이 붓끝처럼 생긴 문필봉이다. 문필봉 아래서 태어나 산의 기를 받으며 성장한 아이들은 붓과 관련이 있는 직업에 종사하게 된다고 한다. 이를테면 학자, 문인, 화가, 서예가 들이다. 첫손에 꼽히는 곳이 영양의 주실마을이다. 마을 앞 문필봉의 정기를 받아 이 동네에서 태어난 사람 중에 박사가 유독 많고 조지훈과 같은 뛰어난 시인도 있다.

또 사람의 얼굴을 닮은 바위 인근 마을에선 큰 인물이 난다고 믿고 있다. 우리나라만 그런 게 아니다. 미국도 그렇다. 바로 큰 바위 얼굴로 널리 알려진 사우스다코타주의 러시모어산 밑 동네가 미국의 문필봉쯤 된다. 큰 바위 얼굴은 마을 뒷산의 바위덩어리를 사람의 손으로 깎아 만든 인공조형물이다. 그럼에도 불구하고 이곳의 정기를 받아 '위대한 사람이 되게 해 달라'는 미국인들의 참배행렬이 줄을 잇고 있다.

큰 바위 얼굴은 존경받는 미국의 위대한 대통령 네 사람의 얼굴이 실물의 12배로 조각되어 있다. 조지 워싱턴, 토머스 제퍼슨, 시어도어 루스벨트, 에이브러햄 링컨이 그들이다. 이곳은 원래 서기 1500년경부터 인디언의 거주 지역이었다. 인디언들은 큰 바위 얼굴이 조성되기 전부터 바위 속에 들어 있는 보이지 않으면서도 보이는 듯한 위대한 얼굴을 미래를 내다보는 혜안으로 들여다보았다.

인디언들은 '그 얼굴과 닮은 사람이 반드시 태어난다'는 이야기를 후손들에게 전하고 또 전했다. 그 이야기는 인디언들만 전한 게 아니라 골짜기를 흘러가는 시냇물과 나무 이파리의 끝을 흔드는 바람의 속삭임이 큰 바위 얼굴이 현세에 현시할 것을 예언했다.

세월은 흐르고 흘러 이야기로 전해 오던 인디언들의 예언이 실현되기에 이르렀다. 1923년 도안 로빈슨이란 선각자가 '지도에 그려질 만한 산(山) 기념품을 만들자'고 제안했다. 미 의회 피터 노벡 의원이 동참하면서 탄력을 얻었고 최고의 조각가 구즌 보글럼이 합류함으로써 돌이 쪼아지기 시작했다.

그것은 마치 미켈란젤로가 큰 화강암 덩이를 쪼아 나중에 '바티칸 〈피에타〉'로 명명된 성모와 예수의 조상을 끄집어낸 것과 비슷하다. 1927년부터 1941년 사이에 6년 반이란 시간이 소요됐다. 거대한 힘을 지닌 오늘의 미국을 만든 데는 인디언들의 혜안이 빚은 큰 바위 얼굴의 공덕이 여러모로 작용했음을 부인하지 못한다. 그러니까 큰 바위 얼굴은 미국 사람들의 가슴에 울림을 주는 무언의 멘토이다.

『주홍 글씨』란 소설로 유명한 나다니엘 호손은 큰 바위 얼굴이 이곳에 새겨지기 백 년 전에 『큰 바위 얼굴(*The Great Stone Face*)』이란 소설을 쓴 적이 있다. 구전으로 전해지고 있는 인디언들의 얘기를 받아 적은 것이다.

"이 골짜기에 바위 얼굴을 닮은 운명의 아기가 태어난다. 그 아이는 어머니로부터 인디언들이 곧잘 자녀들에게 이야기해 주는 큰 바위 얼굴에 대한 얘기를 듣고 자란다. 아이는 바위 얼굴을 닮은 사람을 만나 보는 것을 평생의 소원으로 삼는다.

어느 날 '황금을 긁어모은다'는 이름을 가진 게더 골드 (Gather Gold)란 사람이 이 마을을 찾아오고, 또 '피와 천둥의 노인(Old Blood and Thunder)'이란 장군이 찾아오고, 어느 날은 '늙은 바위 얼굴(Old Stoney Phiz)'로 알려진 유명한 정치가도 마을에 들리지만 소설의 주인공인 어니스트의 눈에는 그들이 큰 바위 얼굴과 닮은 진정한 현자는 아니라고 판단했다.

어느 황혼녘에 지혜가 가득한 시인이 어느 새 백발이 성성한 어니스트를 찾아온다. 어니스트는 자기 집 문 앞에 앉아 자신을 찾아온 시인의 시집을 읽고 있었다. 그 시인이 바로 바위 얼굴을 닮았을 것이라고 마음속으로 단정하고 있었다. 그러나 어니스트를 찾아온 시인은 하룻밤 재워 줄 것을 청하며 자신은 "여태까지 겉과 속이 다른 거짓 시만 써왔다"고 털어놓는다.

어니스트 역시 황혼의 햇살 아래 서 있는 시인의 모습이 바위 얼굴이 아님을 느끼게 된다. 큰 바위 얼굴을 닮은 얼굴의 장본인은 장엄하면서도 인자한 모습을 지닌 바로 어니스트 자신이었다. 그러나 정직 본인은 바위 얼굴의 현자가 곧 나타나리란 희망을 버리지 않는다.

동양의 조그마한 나라에 대통령이 태어난 하의도란 섬에 가면 큰 바위 얼굴이 있다. 그 바위는 사람의 옆얼굴과 너무나 흡사하다. 붉게 물든 노을을 바라볼 때 그 바위 얼굴은 역광 속에서 더욱 선명하고 찬란하다. 이 동네에도 어니스트처럼 현자가 나타나기를 기다리는 소년이 살고 있을지 모른다. 현재까지는 겨우 '늙은 바위 얼굴(Old Stoney Phiz)'을 한 지팡이 짚은 노인이 다리를 절뚝거리며 지나갔을 뿐이다. 노인의 목에는 노벨평화상 상패가 걸려 있었다.

대관령 휴양림에서

계곡의 물소리가 듣고 싶었다. 큰비가 오고 난 뒤 '콸콸콸' 하며 쏟아져 흘러내리는 그런 계류성(溪流聲) 속에 갇히고 싶었다. 볼륨을 높인 음악도, 숲속의 새소리는 물론 벌레들의 사랑하는 소리조차 들리지 않는 계곡의 소리 향연에 초대받은 귀빈이 되고 싶었다. 그러나 기회는 좀처럼 오지 않았다.

옛날 다산 선생은 소나기 올 때 벗들을 불러 모아 술과 안주를 싣고 세검정에 있는 폭포에서 떨어지는 물보라를 구경하러 나선 적이 있다. 그 폭포수는 비가 그치면 금세 잦아들기 때문에 빗속을 뚫고 말을 타고 달려가지 않으면 소나기 올 때의 빼어난 경치와 천둥치는 듯한 굉음을 들을 수 없었다고 한다.

내가 살고 있는 이곳은 세검정처럼 소나기 올 때 폭포 구경하기가 그리 쉽지 않다. 진정 물소리가 그리우면 산이 깊고 수량이 많은 계곡을 찾아 길을 떠나야 한다. 산행을 겸한 눈과 귀의 호사 장소로는 지리산, 가야산, 소백산이 제격이지만 장마 끝에 팀을 구성하기란 여간 어려운 일이 아니다. 그래서 가장 손쉬운 차선책이 비가 개는 즉시 시집 한 권 들고 팔공산

135

폭포골이나 수태골의 물소리 명당을 찾는 길밖에 없다.

기회가 오지 않는다고, 여건이 허락하지 않는다고 가만히 앉아 있으면 안 된다. 그럴 때는 생각 속에 도사리고 있는 마음에게 타임머신을 타고 과거를 향해 심속(心速)으로 달려가자고 명해야 한다. 다시 가고 싶은 계곡의 물소리를 찾아 들메끈을 조여 맬 필요도 없이 마음이 시키는 대로 달려가면 된다. 마음이 달려가는 그곳은 계곡 옆 천막 속이기도 하고 아니면 밤새도록 잠을 재워 주지 않는 바위 벼랑 옆 아담한 여관방이기도 하다.

어느 해 여름 지리산 칠선계곡 입구 추성동의 개울가 민박집에서 하룻밤 묵은 적이 있다. 저녁때까지 말갛던 하늘에 갑자기 구름이 몰려오더니 폭우를 퍼부어 옴짝달싹 못하게 만들었다. 지리산의 명물 석이(石耳)볶음을 안주로 술 한잔 거나하게 마신 후 잠자리에 들었지만 계곡 물속에서 바위 덩어리들이 굴러가는 소리 때문에 밤새도록 잠을 설쳐야 했다. 양철지붕을 때리는 빗소리와 '우렁 우렁' 계곡이 우는 소리 속에 보낸 하룻밤은 지금도 잊지 못할 추억으로 오롯이 남아 있다.

팔공산의 비오는 풍경과 계곡의 물소리도 일품이다. 지금은 철거됐지만 동화사 입구 계곡 왼쪽에 있던 달빛여관에서 들리는 물소리도 가히 반할 만하다. 골짝 골짝에서 쏟아져 내려오는 계류수가 이곳에 도달하면 '팔공 필하모닉'이라 불러도 좋을 오케스트라로 바뀐다.

계곡의 맨 갓방에 누워 잠을 청하면 쇼팽의 〈빗방울 전주

136

곡〉이 빗속에서 환청처럼 들린다. 그 빗방울이 굵어지면 뉴에이지 뮤지션 야니(Yanni)의 〈더 레인 머스트 폴(*The Rain must Fall*)〉에 나오는 흑인여성 연주자 캐런 브릭스(Karen Briggs)의 바이올린이 뿜어내는 강렬한 빗소리로 바뀌면서 절정을 이룬다.

해마다 계곡 물소리 듣기는 여름 숙제였다. 올해는 마침 강릉의 대관령 휴양림에서 문학행사가 열린다기에 '얼쑤' 하며 따라나섰다. 어스름께 휴양림에 들어서자마자 계곡에서 들려오는 전주곡이 예사롭지 않았다. 숲속의 다람쥐 방을 숙소로 배정받았다. 그게 마침 계곡 바로 옆이어서 옆 사람의 말소리가 들리지 않을 정도였다.

오랜만에 듣는 계곡의 물소리는 명창의 판소리 한마당보다 더 큰 감동으로 다가왔지만 소나무 가지 사이에서 숨바꼭질하는 음력 유월 보름달은 그 감동 위에 살짝 얹어 놓은 고명처럼 맛과 멋을 동시에 풍기고 있었다. 도저히 올 것 같지 않은 잠도 계곡이 연주하는 자장가를 이겨 낼 수는 없었다. 계곡의 물소리가 좀 자지러지는가 싶으면 하나님의 물뿌리개가 소낙비를 뿌려 주어 꿈속에서도 주렴발처럼 내리는 폭우 속을 헤매야 했다.

비가 그친 아침이다. 정신이 말짱하고 개운하다. 숲속 바위 위에 지은 집에서 자면서 밤새도록 물소리를 들었기 때문이다. 영혼에 끼어 있던 묵은 때가 내시경 검사 전의 대장 청소하듯 말끔하게 씻겨 나갔나 보다. 휴양림에서 닦아놓은 산책

길을 둘러보러 길을 나선다. 길옆에는 산수국 군락이 함초롬히 젖어 아침 햇살을 받은 이슬방울들은 보석처럼 영롱하다.

백여 년 된 금강송 사이로 '휘이' 하며 솔바람이 불어온다. 왕거미 한 마리가 과녁 같은 거미줄을 쳐놓고 엎드려 염불을 외고 있다. 코끝에 와닿는 공기가 싸아하다. 소나무 숲 사이사이엔 산안개가 피어올라 이곳을 선경이게 한다. 무릇 운무(雲霧) 속에 살고자 하는 사람은 결국 입산한다는데. 어쩌나, 계곡의 물소리 좋아하고 연하벽(煙霞癖)이 심한 나 같은 사람을 늦깍이 동승(童僧)으로 받아 줄 암자는 어디 없을까.

초가지붕 박꽃 풍경

가을이다. 물동이에 푸른 잉크 몇 방울을 떨어뜨린 것 같은 하늘색이 참 멋지다. 대지의 숨결은 여름과 가을이 판이하게 다르다. 우선 코끝에 스치는 바람이 상쾌하다. 들판의 나무와 풀들은 옅은 브라운 색깔을 칠하기 시작했고 초록에 지친 잎들이 바람에 몸을 맡길 준비를 하고 있다.

가을을 온몸으로 느끼고 싶어 오랜만에 들로 나섰다. 추석이 지나 타작할 날만을 기다리는 황금벼들이 출렁이고 있다. 논배미 옆 산자락에는 무리지어 핀 구절초가 건들마에 온몸을 흔들며 춤을 추고 있다. 가수 싸이가 말춤이라는 걸 퍼트린 탓인지 초가을 산들바람은 자연 속의 싸이인지 나무와 풀꽃들이 '오빤 들판 스타일'을 외쳐 가며 계속 흔들어 대고 있다.

논길을 벗어나 차가 다니는 큰길로 올라서니 멀리 마을 입구에 느티나무 한 그루가 서 있다. 흰머리 성성한 노인네 세 사람이 하오의 무료를 장기로 달래고 있다. 인근 농가주택은 초가에서 슬레이트로 다시 간이기와로 의관을 바꿨지만 정자에 앉아 있는 사람들은 예나 지금이나 그 사람이 그 사람이다.

고샅길 초입에 서 있는 외양간 지붕 위에는 푸른 박덩이가 짚방석을 깔고 다소곳이 앉아 있다. 병화롭고 안온한 멋진 풍경이다. 갑자기 고향집이 떠오른다. 나는 지극한 행복감에 젖어들거나 피할 수 없는 궁지에 몰려 존재가 극한 상황에 다다르면 곤잘 고향의 품에 안기기를 원한다. 현실적으론 그게 불가능할지라도 생각만으로 충분히 가능하다고 믿는다. 그래서 나는 자주 고향에 간다.

방천둑 아래 공설운동장 끝머리에 고향집으로 들어가는 골목이 있다. 그 왼쪽 어귀에 나보다 두어 살 많은 두태라는 친구의 단칸 초옥이 있었다. 그는 어릴 적부터 홀어머니를 모시고 어렵게 살고 있었다. 두태네 초가지붕에는 해마다 박꽃이 새하얗게 피고 이파리 사이사이에 박이 열렸다. 지붕 위의 박꽃과 담 밖의 키다리 접시꽃 풍경은 사진전에 내걸려도 손색이 없을 정도로 아름다웠다. 그러나 방안에는 장판 대신 삿자리가 깔려 있었고 황토만 겨우 바른 '벼름박'에는 군데군데 빈대를 눌러 죽인 핏자국이 선명했다. 그 방에서만 맡을 수 있는 희한하고 야릇한 냄새를 지금도 기억하고 있다.

두태네 어머니는 어린 박을 박나물꺼리로 장에 내다 팔았다. 박이 세어지면 바가지로 만들어 팔았다. 해마다 박이 열리면 한두 덩이를 두 집 건너에 있는 우리 어머니에게 갖다 주셨다. "아이구, 내다 팔아 돈 만들지 뭣하러 가져 왔느냐"며 나무람 반 고마움 반의 눈힐끔 표정을 지으면 "팔고 남은 거요"라고 거짓말 대꾸를 한다. 이게 고향 인심이다.

어릴 적 두태네 초가지붕 위의 박꽃은 고향을 떠올릴 때마다 되살아나는 단골 풍경이다. 그 풍경은 내 의식 속에 잠재되어 있는 여러 가지 그림들이 '고향'이란 화집으로 꾸며질 때 표지그림으로 대접받아도 충분한 가치가 있는 것이다. 나의 에세이 중에 「여름밤에 들리는 소리」란 글 속에 이런 구절이 있다.

"방천둑을 따라가면서 일꾼들을 불러 모으는 '소네 보 나오소'라는 못도감 영감의 목소리는 구성지고 청승스럽기까지 했다. 그 목소리는 둑 밑 뽕밭에서 익어 가는 오디 열매를 떨어뜨리고 개구리소리가 범벅이 되어 있는 논둑을 지나 두태네 단칸 초가지붕의 박꽃을 뛰어넘어 감자꽃이 피어 있는 우리집으로 돌아 들어오곤 했다."

고향집 앞 두태네 지붕 위의 박꽃은 내 기억의 영상으로만 살아 있는 것은 아니다. 혀끝의 입맛으로도 여태 살아 있어 아내와 함께 새벽 장보기에 나섰다가 푸른 박덩이를 보기만 하면 그냥 지나치지 못한다. 박나물은 무맛에 가깝지만 먹어 보면 먹어 볼수록 묘한 맛을 속으로 지니고 있다. 그 맛이 참 좋다.

젊은 시절, 가을 산행에 나설 땐 자주 박나물꺼리를 갖고 가서 현장에서 국을 끓였다. 박나물국은 굵은 멸치 몇 마리와 붉은 고추와 푸른 고추 그리고 마늘과 소금만 있으면 간단하게 조리할 수 있다. 옆자리에서 밥을 먹던 악우들의 숟가락이 박나물국이 끓는 코펠 주변으로 몰려들어 적벽대전을 벌이던 그

141

런 산행을 다시 한번 하고 싶다.

그리운 사람이 더욱 그리워지는 눈이 부시게 푸르른 가을이다. "당신 생각을 켜놓은 채 잠이 들었습니다"는 함민복 시인의 「가을」이란 한 줄의 시와 함께 가을이 익어 가고 있다.

지족선사와 동백사 주지

지족선사란 선승이 계셨다. 스님은 삼십 년 세월 동안 성불하기 위해 옆을 돌아보지 않고 수행에만 몰두했다. 그는 송도삼절 중에 첫손에 꼽히는 화담 서경덕과 쌍벽을 이루는 학식과 지혜가 뛰어난 승려로 모든 이들로부터 우러름을 받아 온 그런 유명인사였다.

지족선사는 동자 하나를 데리고 기거하던 개성의 천마산 청량봉 밑 지족암을 한 발자국도 벗어나지 않았다. 그는 '무(無)' 자 또는 '병 속의 새'와 같은 도저히 풀 수 없는 화두 하나를 들고 면벽 가부좌한 채로 용맹정진하고 있었다. 수도 과정에서 독이 되는 여자 중생은 얼씬거리는 것조차 싫어했다.

어느 날 서화담 꼬시기에 실패한 황진이가 지족선사를 겨냥하고 다가왔다. 황진이는 제자가 되어 수도하기를 청했다. 선사는 일언지하에 거절했다. 그런다고 물러날 황진이가 아니었다. 소복단장에 청춘과부 복색을 하고 죽은 낭군을 위한 백일 기도에 들어간다는 소문을 냈다. 그리고는 지족암 선사 옆방을 침소로 정했다.

그녀는 야심한 밤에 직접 지은 축원문을 울음 섞인 나긋나긋한 음성으로 읽어 내려갔다. 그 목소리가 너무 맑고 청아하여 지족선사도 쉽게 잠을 이루지 못할 지경이 되었다. 황진이가 암자에 들어온 후론 염불이 제대로 되지 않았다. 맘속에 마귀 떼가 들끓어 가부좌한 두 다리가 후들거려 참선이 제대로 될 리가 없었다. 그럴수록 황진이의 목소리는 선사의 가슴에 비수처럼 파고들었다.

지족선사도 승려 이전에 남자였다. 삼십 년을 갈고 닦은 마음 거울은 황진이의 요염기로 가득 찼고 그녀를 품고 싶은 욕망은 하늘을 찌르고도 남았다. 프로이트는 『쾌감 원칙의 피안』이란 책에서 "인간은 생존본능(Eros)과 죽음본능(Thanatos)이 서로 공존하고 있는데 새로운 생명을 창조하는 원동력인 생존본능이 항상 죽음본능을 제압하고 앞서 달린다"고 말하고 있다. 그러니까 지족선사도 삶과 죽음이란 갈림길에서 황진이를 범하는 생존본능의 길을 택한 것으로 보인다.

지족선사는 인간적인 너무나 인간적인 사람이다. 그는 참으로 매력 있는 남자다. 돈다발 사고가 터지기만 하면 오리발부터 먼저 내미는 우리나라 정치인들이나 혼외 아들 시비로 만신창이가 된 검찰 총수의 비열한 짓거리에 비하면 지족선사는 얼마나 당당한가.

지족선사는 황진이를 안아 본 바로 그 다음 날 목탁과 염불을 팽개치고 제 발로 암자를 내려와 야인의 길로 걸어 나갔다. "여자를 보고 음욕을 품는 자마다 마음에 이미 간음하였느니라"는 마태복음의 말씀을 읽었는지 어쨌는지는 모르지만 그는 마음으로 간음하느니 차라리 실행에 옮기는 이판사판의 길을 택한 것이다. 그것이 바로 사나이의 길이었다.

나는 지족선사를 존경한다. 입맛에 딱 맞기 때문이다. 견성 성불이 별것이며 해탈이 별것인가. 황진이의 살 속에 선사의 살을 박는 순간 해탈은 이미 시작되었고 그리고 완성되었다. 지족선사는 황진이를 만난 후 번뇌의 껍데기를 벗어던진 대자유인이 되었다.

나는 이번 남도여행에서 지족선사와 비슷한 선승 한 분을 만났다. 그는 진도군 지산면 지력산 밑에 있었던 동백사 주지였다. 스님은 득도하기 하루 전날 밤 염불 중에 잠시 졸았는데 "스님 스님, 저 왔어요" 하는 여인의 소리에 깜짝 놀라 법당 문을 열었다. 마당에는 속세에서 사랑했던 여인이 하얀 소복 차림으로 서 있었다.

너무 반가워 목탁자루를 관세음보살을 향해 던져 버리고 맨발로 뛰쳐나가 여인을 맞아들였다. 수행도, 해탈도, 성불이 되려는 욕심까지 모두 날아가 버렸다. 남은 건 법당 안 삼존불 앞의 벌거벗은 두 육체뿐이었다. 보디빌더 선수처럼 온몸에 금칠을 하고 앉아 있는 부처님은 항마촉지인을 풀지 않고 가만히 내려다보고 있는데 하늘이 먼저 노했다. 폭풍과 벼락천둥을 내려보내 동백사 법당을 작살내 버렸다.

절집 안에 있던 모든 것들이 산지사방 흩어졌다. 주지 스님의 가사는 날아가 가사도가 되었고, 장삼은 장산도가 되었다.

145

스님이 벗어둔 하의는 하의도로, 여인의 은장도는 장도로, 주지와 여인이 운우지정을 나눌 때 박자를 맞추던 목탁은 불도로 날아가 지금도 불도의 석가탑은 파도가 심하게 칠 땐 목탁소리를 낸다나 어쩐다나. 지금도 궂은비가 내리는 날이면 해무 속에 음기가 서려 주지도가 남근바위로 불끈 일어서기도 하고 때론 젖무덤으로 봉긋 솟아오른단다.

남도여행을 마치고 돌아오니 마음속에 지족선사 외에 존경해야 할 스님이 또 한 분 늘어났다. 바로 동백사 주지다. 두 스님들은 사랑을 위해 몸과 목숨을 던질 줄 아는 멋쟁이다. 어쩌면 내가 좋아했던 걸레 스님 중광도 그 패거리의 후예일 것 같다. 나무관세음보살 타불 타타불!

향수와 나타샤

벼르고 벼르던 정지용 시인의 생가를 찾아간다. 어느 서클의 문학기행 프로그램 게스트로 옥천행 버스에 몸을 실었다. 이날 내가 할 일은 시인에 대한 이야기를 강의 형식으로 전하고 그가 쓴 시 한두 편을 읽는 것이다.

며칠 전부터 문헌을 뒤지고 인터넷 서핑을 통한 자료조사를 해 보았다. 일반 대중들이 다 알고 있는 이야기 외에 색다른 소개거리는 별로 없었다. 널리 알려져 있는 〈향수〉와 〈고향〉이란 시 뒤에 묻어 있는 풋풋한 첫사랑 같은 이야기를 기대하고 있었지만 그건 허사였다. 백석이란 시인의 질펀한 사랑이야기에 비견할 만한 그 무엇을 지용에게 기대한 것이 애초부터 잘못이었다.

지용 시인이 살아 있다면 올해 115세, 1902년생으로 나의 할아버지뻘이다. 그는 12세 때 동갑내기(송재숙)와 결혼하고 바로 서울의 휘문고보로 유학을 떠났다. 그의 초기 시를 훑어보면 고향의 아름다운 풍경이 주조를 이루는 가운데 아내에 대한 그리움은 얇은 실크천에 가려져 있는 실루엣처럼 살짝 숨어 있다.

"얼골 하나야 손바닥 둘로/ 폭 가리지만 보고 싶은 마음/ 호수만 하니 눈 감을 수밖에."(지용의 시 「호수」 전문)

이 시의 주인공이 누구인지 구체적으로 드러난 기록은 없다. 시인의 성품으로 보아 고향에 두고 온 아내를 그리워하며 지은 시가 분명한 것 같다.

지용은 올곧은 선비의 풍모를 지녔다. 올곧다는 말은 엇길을 갈 줄 모르는 샌님이란 말과 통한다. 그는 휘문고보에서의 성적이 좋아 23세 때 일본 도시샤대 영문과로 유학을 떠난다. 그는 대학에서 신사조인 서양의 모더니즘을 접하면서 왕성한 시작활동을 하게 된다. 유학생 잡지인 학조에 「카페 프란스」란 시를 발표하여 시인으로 두각을 나타낸다.

그의 연금술사적 언어 제련기술은 이 무렵부터 익히기 시작했으며 「향수」 또한 이때의 작품이다. 대부분의 유학생들이 대학시절에 접하는 모더니즘에 이어오는 니힐리즘을 경험하게 된다. 이의 부산물이 연애와 자살이다. 〈사의 찬미〉로 유명한 윤심덕(호 水仙)과 김우진(호 水山)이란 동갑내기 예술가들이 현해탄에 몸을 던진 것이나 이수일과 심순애의 사랑이야기가 바로 일본 유학생이 모델이 된 것이다.

한시대의 바람은 그것이 순풍이든 역풍이든 거역할 수는 없다. 당시의 모든 유학생들이 허무주의 사상에 심취했고 얼굴과 몸매가 반반했든 어쨌든 간에 너도 나도 연애전선에 뛰어들었다. 동경 유학시절 지용의 행적은 문학활동 외엔 뚜렷한

게 없다. 또 귀국 후 휘문고보의 영어교사로 재직할 때부터 이화여대 교수 및 조선문학가동맹 중앙집행위원 그리고 경향신문 주간으로 일할 때까지도 이렇다 할 세간의 스캔들이 드러난 것은 없다.

나는 지용 시인을 생각할 때마다 '자야(본명 김진향)'라는 권번 기생 출신과 사랑에 빠진 시인 백석을 떠올린다. 백석은 '모던 보이'라는 애칭을 가질 정도로 문단 최고의 미남이었다. 큰 키에 멋진 헤어스타일과 옷 입는 감각은 감히 따라올 사람이 없었다. 거기에다 「나와 나타샤와 흰 당나귀」란 시를 비롯해서 수많은 멋진 시들이 내면의 보석처럼 빛나고 있다.

이에 비해 백석보다 열 살이 많은 지용은 작은 체구였지만 예지의 기상이 번득였고 눈빛이 광채를 뿜고 있었다. 그의 추천으로 문단에 나온 청록파 시인 중의 한 사람인 박두진은 "시인의 천재적 기질은 오만에 가까웠지만 엄숙한 풍모 속엔 소탈함과 자상함이 숨어 있었다"고 말하고 있다.

지용의 「향수」가 좋으냐, 백석의 「나와 나타샤와 흰 당나귀」가 좋으냐는 읽는 이의 취향에 따라 맛이 다르게 느껴진다. 멋쟁이 백석과 선비 지용의 무게도 천평 저울에 올려 봐야 우열을 가리기 힘들다. 그러나 아무래도 여자들이 보는 눈은 선비풍의 엄숙함보다는 배우 같은 미남풍에 좀더 마음이 끌리나보다.

주관적인 입장에선 자신의 생애가 풍파 없이 밋밋하게 흘러가는 것을 선호하겠지만 객관적으로 볼 땐 타인의 생애가 에

로틱하면서 다른 한편으론 드라마틱한 것을 더 좋아한다. 그건 복싱의 KO승, 야구의 홈런, 낚시바늘 끝의 대물 붕어, 축구의 오버헤드킥 슛을 보는 것과 같기 때문이다.

나는 이날 생가에서 그리 멀지 않은 옥천 묵집에서 6천 원짜리 묵밥 한 그릇을 먹고 지용 시인의 향수 길을 두서없이 걸었다. 마을길을 걸으면서 꼬장꼬장했을 선비 시인의 가슴속에 어떻게 이런 옛이야기가 지줄대는 실개천이 휘돌아 나갔는지가 여전히 궁금했다. 이날 생가 앞 콘크리트로 도배되어 있는 실개천에는 얼룩백이 황소의 게으른 울음소리는 들리지 않았다.

시인 정지용의 연인

「향수」의 시인 정지용은 연애 한번 해보지 못한 샌님인줄 알았다. 인터넷을 통해 지용의 프로필을 뒤적여 보니 이렇다 할 스캔들 하나 발견할 수 없었다. 10년 차이는 있어도 동시대인이라 해도 무방할 시인 백석은 자야라는 기생 출신 연인과의 연애담이 질펀했지만 지용은 티 없이 맑았다.

두 시인의 대표작은 지용의 「향수」와 백석의 「나와 나타샤와 흰 당나귀」로 꼽히고 있다. 「향수」에 나타난 아내의 소묘는 '전설 바다에 춤추는 밤물결 같은 검은 귀밑머리 날리는 어린 누이와 아무렇지도 않고 예쁠 것도 없는 사철 발벗은 아내'였다.

흰 당나귀에 나오는 연인은 '가난한 내가 아름다운 나타샤를 사랑해서 오늘 밤은 푹푹 눈이 나린다. 나타샤를 사랑은 하고 눈은 푹푹 날리고 나는 혼자 앉어 소주를 마시며 생각한다. 눈이 푹푹 쌓이는 밤 흰 당나귀를 타고 산골로 가자 출출이 우는 깊은 산골로 가 마가리에 살자'라고 그려져 있다.

지용의 '예쁠 것도 없는 사철 발벗은 아내'와 백석의 '눈은 푹푹 나리는 밤의 아름다운 나타샤'라는 두 사람의 이미지는 극명한 대조를 보인다. 그것은 애처가의 '아내에 대한 자상함'과 연애박사의 '연인과 도망가서 산골에서 살림 차리기'로 갈라선다. 그래서 지용은 '샌님', 백석은 '바람둥이'란 등식이 독자들의 머릿속에 굳어져 있다.

정말 그럴까. 지용은 정말 황칠 한번 한 적 없는 백지처럼 '인생을 그렇게 깨끗하게 살았을까' 하는 의구심은 쉽게 지워지지 않았다. 무지렁이 백면서생이라도 '허리 아래 일은 아무도 모른다'는데 아름다운 인생과 사랑을 노래하는 시인이 노젓지 않고 강을 어떻게 건넜을까.

정지용문학상을 받은 적이 있는 이동순 시인(전 영남대 교수)가 「향수와 나타샤」란 내 글을 읽고 일본 유학시절 지용의 행적과 그 시절에 썼던 시 한 편과 수필 두 편을 보내왔다. 시의 제목은 「압천(鴨川)」이었고 수필은 「압천상류 상·하」였다. 거기에다 시인 자신이 쓴 「가모가와(鴨川)에서 만난 정지용 시인」이란 글을 동봉해 보내 주었다.

지인이 보내준 문건은 일본 교토에서 열린 학술대회에 참석했다가 지용이 유학시절 자주 산책했던 가모가와 강변과 그 주변에 혹시 남아 있을지도 모르는 시인의 흔적을 추적한 알찬 기록이었다. 그는 출발할 때 학술행사보다는 '지용의 발자취 더듬기'에 더 주력하기 위해 접이식 산악자전거를 갖고 가서 강변 일대를 샅샅이 훑었다고 한다.

지용이 1923년 도시샤대 영문과에 입학했을 때 한 살 많은 동급생인 김말봉(1901-1944, 밀양 출신 소설가)과 어울려 다니며 타국에서의 외로움을 함께 나눴다고 한다. 지용은 가모가와 강의 중간지점 어딘가에서 하숙을 한 것으로 보인다. 지용의 글을 보면 '우리 둘은 거닐다가 자리를 잡으면 부질없이 돌팔매질하고 달도 보고 생각도 하고 학기시험에 몰려 노트를 들고 나와 누워서 보기도 했다'고 적고 있다.

또 "비가 오는 날이면 우산 하나에 사람은 둘이니 한 우산 안으로 꼭 다가서 걷는 수밖에 없었다"는 걸 보면 이미 친구에서 연인으로 발전했음을 암시하고 있다. 강가에 앉은 두 남녀의 부질없는 돌팔매질은 사랑의 신호이며 노트를 누워서 볼 때 베개는 연인의 허벅지가 제격임을 아는 사람은 다 아는 사실이다.

어느 하루는 천변을 걷다 보니 너무 멀리 걸어가 한국인 노동자들의 비예산 케이블카 건설 현장에 이른다. 두 사람의 선남선녀가 동포라는 사실을 알자 노동자들은 그들을 숙소로 초대를 하여 식사를 대접한다. 그때 "두 사람은 어떤 사이냐"는 물음에 엉겁결에 "사촌간"이란 옹색한 변명을 했다고 한다. 지용이 쓴 산문의 행간에는 이미 두 사람은 플라토닉을 넘어선 상태임을 은연중에 알려 주고 있다.

그러나 두 사람의 사랑은 끝내 이뤄지지 못한다. 지용에겐 12세 때 결혼한 동갑내기 송재숙이 '예쁠 것도 없는 사철 발벗은 아내'로 고향을 지키고 있었다. 둘은 1929년 유학을 끝내고 귀국한다. 돌아와서 소식이 없자 지용을 못 잊어하던 말봉이

옥천을 찾아온다. 지용 대신에 아내가 사립께로 나가 "누구신데 어쩐 일로 왔시유" 하고 퉁명스럽게 묻는 것으로 말봉의 사랑은 끝난다.

이 라스트 신은 영화 「초원의 빛」에서 아내가 지켜보는 옛 애인 워렌 비티를 찾아온 나탈리 우드의 머쓱한 표정 그대로일 것 같다. 함부로 쏜 화살을 맞은 상한 가슴은 떠나 버린 그 사람이 차마 꿈엔들 잊힐리야.

시인 백석의 첫사랑

남자는 첫사랑을, 여자는 마지막 사랑을 잊지 못한다. 남자는 여자에게 자신이 첫 남자이길 원하고 여자는 남자에게 자신이 마지막 여자이길 원한다. 남자는 첫사랑에게 마음의 100을 주고 헤어질 때는 50을 회수한다. 그리고 두 번째 사랑에게 남은 50을 주고 이별할 때 그 절반인 25를 가져온다. 반면에 여자는 첫사랑에게 100을 주고 헤어질 때도 100을 되받아 온다. 두 번째도 100을 주고 100을 챙긴다. 그렇지만 애증의 그림자는 짙게 남는다.

첫사랑은 무엇인가. 황순원의 소설 『소나기』에는 서울에서 내려온 도시 소녀가 열병에 걸려 죽어가면서 소년에게 업혀 강물을 건널 때 입었던 진흙 묻은 분홍 스웨터를 함께 묻어 달라고 한다. 「시네마 천국」이란 영화의 주인공 토토는 사춘기 때 첫눈에 반한 엘레나를 30년 동안 가슴속에 품고 산다. 이런 소설 같고 영화 같은 첫사랑의 이야기는 너와 나의 가슴속에 영원히 살아 있다. 첫사랑은 그래서 아름답고 때론 서럽다.

당일치기 통영을 다녀오면서 청마문학관의 문화해설사로부

터 "백석 시인이 예쁜 처녀를 찾아 통영에 왔다가 3편의 연애 시를 쓴 게 있다"는 말을 들었다. 평북 정주 출신으로 줄곧 서울에서 생활해 온 시인이 이곳 남도 쪽으로 발걸음을 했다는 게 신기하고 자못 흥미로웠다.

백석은 「나와 나타샤와 흰당나귀」란 명시로 최고의 반열에 오른 시인이다. 또 요정 대원각의 주인이었던 고 김영한 여사 (기생명 진향, 백석이 지어 준 이름 자야)의 연인으로 더 많이 알려져 있다. 이들은 백석이 함흥 영생고보 교사로 재직할 때 회식 자리에서 옆에 앉은 게 인연이 되어 "죽기 전에 우린 이별은 없어요"란 말 한마디에 콧대 센 진향이가 꼬여 들게 되었다.

백석은 키가 훤출한 미남이었다. "그는 한마디로 멋쟁이였다. 짙은 곤색 양복을 입고 올백 머리에 반짝거리는 광택구두를 신고 운동장을 가로질러 걸어 들어오는 모습을 보고 학생들은 자지러졌다." 영생고보 부임 첫날 시인의 모습을 지켜본 후배 교사의 스케치다. 친구인 김기림은 "백석이 머리칼을 날리며 광화문에 나타나면 네거리가 온통 환해졌다"고 회상할 정도로 매력이 몸 전체를 감고 있었다.

백석은 겉모습만 치장하는 속빈 강정 같은 '모던 보이'는 아니었다. 신문과 잡지에 글을 기고하는 시인이었고 러시아어와 일본어 그리고 영어까지 구사하는 지식인이었다. 그것보다는 바람 냄새가 나는 외모의 아우라가 여성들을 꼬시는 주무기였다. 시인은 26세, 28세 때 부모의 강권으로 두 번이나 결혼식을 올렸지만 초례를 치르고는 서울의 연인 자야네 집으로 뺑소니쳐 버린 무책임한 사내다.

희대의 바람둥이지만 백석에게도 몽매에도 못 잊을 여인이 있었다. 조선일보 기자 시절인 24세 때 신문사 동료인 신중현과 함께 친구의 결혼식 피로연에서 통영 출신 란(당시 18세, 본명 박경련)이란 이화고녀 학생을 만나 그녀에게 마음을 뺏긴다. 백석이 쓴 산문에 "나는 항구의 처녀를 좋아하게 되었습니다. 머리는 까맣고 눈이 크고 코가 높고 키가 호리낭창하였습니다"라고 그녀의 모습을 그린 적도 있다.

시인은 란을 만나기 위해 세 차례나 통영을 찾아갔지만 만나지 못하고 그녀의 어머니에게 청혼 의사를 전한다. 그러나 친구인 신중현이 '백석의 어머니가 기생 출신이라는 소문이 있다'는 사실을 발설함으로써 혼사는 깨지고 만다. 대신에 자신이 란과 혼인할 뜻이 있음을 밝혀 즉석에서 승낙을 얻는다. 친구의 절묘한 인터셉트로 그들은 1937년 4월 7일 결혼하게 된다.

"마른 팔뚝의 새파란 핏대를 바라보며/ 나는 가난한 아버지를 가진 것과/ 내가 오래 그려 오던 처녀가 시집을 간 것과/ 그렇게 살뜰하던 동무가 나를 버린 일을 생각한다."(백석의 시「내가 생각하는 것은」중에서)

"내 사랑하는 어여쁜 사람이/ 개포가의 나지막한 집에서/ 그의 지아비와 마주 앉아 대구국을 끓여놓고 저녁을 먹는다/ 벌써 어린 것도 생겨서 옆에 끼고 저녁을 먹는다."(백석의「흰

157

바람벽이 있어」 중에서)

　시인이 정말로 사랑했던 여인은 누구였을까. 자야는 운명하기 몇 해 전 『내 사랑 백석』이란 책에서 "백석이 사귄 다섯 여자 가운데 진정으로 사랑했던 여인은 자야였고 자신 또한 그와의 사랑을 올곧게 간직했다"고 말하고 있다. 일방적 진술은 증거로 채택되지 않는다는데 어떻게 할까. 하늘나라에 드나드는 우편집배원이 있다면 백석의 근황을 물어보고 싶다.

　"어느 여자와 살고 있던가요?"

　입이 무거운 집배원은 아무런 대답을 하지 않겠지만 나는 그게 알고 싶다.

청마의 우체국 연인

통영에 간다. 그곳은 아름다운 곳이다. 그래서 동양의 나폴리라 부른다. 등산로를 따라 미륵산 정상으로 올라가면 통영이 품고 있는 섬들이 훤하게 내려다보인다. 태양이 중천에 떠있는 빛 밝은 날의 바다색깔은 너무 맑고 푸르다. 이곳에 올 때마다 작은 방 하나 얻어 한두 달쯤 살고 싶어진다.

통영은 예향(藝鄕)이다. 많은 예술가들이 배출된 곳이다. 연극인 유치진, 시인 유치환, 시인 김상옥, 소설가 김용익, 음악가 윤이상, 소설가 박경리, 시인 김춘수, 화가 김용주, 화가 전혁림, 음악가 정윤주, 나전칠기 명장 김봉룡 등 손가락으로 꼽을 수 없을 만큼 많다.

고향은 이곳이 아니지만 통영에서 몇 년 머물며 작품을 남긴 예술가도 더러 있다. 이중섭은 부산 시대와 서귀포 시대를 청산하고 이곳에서 2년간 머물렀다. 그때 〈흰 소〉〈황소〉〈달과 까마귀〉〈부부〉〈가족〉 등을 그렸다. 또 시인 백석은 이곳에서 애틋한 연애시 몇 편 남긴 것이 지금까지 통영의 자랑거리로 꼽히고 있다.

오늘은 청마문학관을 거쳐 동피랑 벽화마을에 들렀다가 전 혁림미술관에 가서 독학으로 일가를 이룬 화가의 그림세계를 살펴보았다. 청마의 시는 교과서에 실린 「깃발」부터 읽었지만 크게 관심을 두지 않았다. 왜냐하면 선배들로부터 시인의 생애 중에 있었던 사소한 연애담을 너무 많이 들은 데다 그의 시가 연정 쪽으로 많이 기울어져 있었기 때문이다. 허기야 시의 주제가 '사랑' 아니면 맛이 없는 것이지만 타인의 연애에는 괜히 재를 뿌리고 싶은 나의 삐뚤어진 심사가 다분히 작용했으리라.

　그래서 이번 통영길엔 청마의 내면을 꼼꼼히 챙겨 보리라 마음먹었다. 청마가 평생의 연인이었던 정운 이영도 시인을 만난 것이 38세 때인 1945년이었다. 통영여중의 국어 교사와 가사 교사로 만난 둘은 첫눈에 빠져들어 서로가 애욕의 늪에서 헤어나질 못했다. 청마는 부인이 마련해 준 작업실인 영산장에서 애달픈 편지를 써서 중앙동 우체국으로 걸어나가 연인에게 부쳤다. 교통사고로 숨지는 날에도 편지를 썼다.

　청마는 유부남이었고 이영도는 딸 하나를 둔 홀로 사는 여인이었다. 둘 다 가슴만 타고 마음만 부글거렸지 현실의 벽은 너무 높아 넘지를 못했다. 매일 편지를 부치러 가는 청마는 우체국 부근에서 부업으로 수예점을 열고 있는 이영도를 유리창을 통해 물끄러미 바라만 볼 뿐 주위의 이목이 두려워 만나지 못했다. 맛있는 과일을 눈앞에 두고 한 입 깨물어 먹지 못하는 아이의 마음이나 무엇이 다르랴.

그래서 쓴 시는 「그리움」 같은 것이다.

"파도야 어쩌란 말이냐/ 파도야 어쩌란 말이냐/ 임은 물같이 까딱 않는데/ 파도야 어쩌란 말이냐/ 날 어쩌란 말이냐."

인도의 금욕주의자 간디도 그가 죽을 때까지 사랑한 여인이 있었다. 영국 해군 제독의 딸인 미라라는 여성이었다. 간디가 56세 때 33세인 미라가 찾아와 문하생이 된다. 간디가 미라에게 보낸 애절한 편지 350통이 공개되긴 했지만 그들 둘 사이엔 육체관계는 없었다니 믿어야 할지 말아야 할지 그것 자체가 의문이다. 육체가 개입되지 않은 연애를 감히 연애라 말할 수 있을까.

간디가 그러하듯 청마의 연애에도 육체가 개입되었는지 아닌지는 가르쳐 주는 이가 없어 아는 사람이 없다. 5,000통의 연애편지를 쓴 청마가 밋밋한 영혼에다 대고 "날 어쩌란 말이냐"고 매일매일 고함을 지르며 우체통 구멍에 불이 나도록 편지를 밀어 넣었을까. 오입쟁이의 속성을 모르고 파도에게 모든 죄를 덮어씌워서는 안 된다. 저승 가서 하나님을 만나면 그것부터 물어봐야겠다. 허기야 대답 자체가 뻔한 것이지만 말이야.

청마가 숨지기 얼마 전 "사랑하는 것은/ 사랑을 받느니 보다 행복하나니라/ 오늘도 나는/ 에메랄드 빛 하늘이 환히 내다뵈는/ 우체국 창문 앞에 와서 너에게 편지를 쓴다"라는 「행복」이란 절창의 시를 썼다. 그는 60세 때인 1967년 부산에서 교통사고로 사망했다.

이영도는 청마에게 받은 편지를 정리하여 사후 한 달 뒤 『사랑하였으므로 행복하였네라』란 책으로 펴냈다. 그녀는 '돈벌이속'이란 비난이 쏟아지자 "내가 서간집을 내지 않으면 다른 여자가 먼저 낼지 모르기 때문이라"고 했다. 그 말은 사실이었다. 3년 뒤 반희정이란 여인이 58년부터 63년까지 5년 동안 청마로부터 받은 편지로 『청마와 사색의 그림자들』이란 책을 출간했다.

진짜 낚싯꾼은 낚싯대 하나로 고기를 낚아 잡는 즉시 놓아준다. 구성지게 비가 내리는 날 청마문학관을 나서며 청마의 낚싯대 숫자를 세어 보았다. 하나둘 엇둘, 셋넷 엇둘. 파푸아뉴기니 토인들은 숫자가 열 손가락을 넘어가면 "어! 많다"로 끝을 낸다. 숫자 세기가 무의미한 것 같아 그만두었다. "어! 만타."

원효의 연애

원효와 서동은 연애 수법이 비슷했다. 둘 다 노래를 불러 공주를 꼬셨다. 그것도 작사 작곡은 물론 노래까지 직접 불렀다. 우리 가요계에도 그 맥을 잇느라 그랬는지 몰라도 3박자를 갖춘 이른바 싱어송라이터들이 꽤 많이 활동하고 있다.

박강수란 재주꾼은 정규·비정규 앨범 14개에 78개 가요를 직접 짓고 노래를 불렀으며 공연기획까지 하고 있다. 조용필 조영남, 나훈아, 설운도 등도 직접 작곡한 노래를 부르기도 하고 후배들에게 곡을 주기도 한다. '피는 못 속인다'는 말을 되새겨 보면 그 말 속엔 원효와 서동이 버티고 있다. 원효와 서동은 37년의 나이 차가 있다. 원효는 617년에 태어났고 서동은 580년생이니 서동이 형님뻘 아니 아버지뻘이다.

서동은 백제의 서울인 부여의 남쪽 못가에 살았다. 어머니와 단 둘이서 마를 캐 생계를 유지했다. 그의 아버지는 못의 용이었다. 그러니까 서동은 용의 아들로 출신 성분이 비범했다. 그러니까 나중 백제 30대 임금인 무왕이 되었다.

서동은 '진평왕의 셋째딸이 보기만 해도 팍 주저앉을 정도

163

로 예쁘다'는 풍문을 듣고 마 한 자루를 짊어지고 서라벌로 떠난다. 마를 깎아 궁궐 옆 동네 아이들에게 나눠 주자 금방 친해졌다. "선화공주님은/ 남 몰래 얼러두고/ 맛동방을/ 밤에 몰래 안고 간다"란 노래를 아이들에게 가르쳤다. 노래는 삽시에 장안에 퍼졌다.

시방도 그렇지만 소문이 진실인양 떠들어대는 사악한 무리들이 왕의 마음을 움직여 공주를 귀양 보낸다. 우연을 가장한 서동이 유배 대열의 일꾼으로 따라붙어 공주의 환심을 사게 된다. 공주는 바른 언행으로 일을 열심히 하는 서동이 서라벌에 퍼져 있는「서동요」의 주인공처럼 이름까지 꼭 같아 자신도 모르는 사이에 사랑하는 마음이 싹트게 된다. 귀양살이를 끝낸 선화공주는 백제로 건너가 서동과 부부가 된다.

『삼국유사』에는 "익산의 미륵사와 탑도 무왕과 선화공주가 세웠다"고 전한다. 당시 절을 세울 때 진평왕이 딸을 위해 신라의 석공 장인들을 보냈다고 한다. 미륵사 절은 무너지고 반쯤 무너진 서탑이 국보 11호로 지정되어 있다. 무왕과 공주의 무덤은 미륵사에서 2킬로미터 정도 떨어진 곳에 '익산 쌍릉'이란 이름으로 보존되어 있다.「서동요」란 노래 한 자락의 힘이 이렇게 크다.

한편 원효는 45세 때 두 번째로 의상과 함께 당나라로 가기 위해 길을 떠난다. 산속 토굴에서 잠을 자다 목이 말라 물을 마셨는데 그게 해골바가지에 고여 있던 빗물이었다. 원효는 대오각성하고 '모든 것은 마음먹기에 달려 있다'는 일체유

심조(一切唯心造)의 도리를 깨우쳤다. 스님은 신라로 발길을 돌려 서라벌 장안을 떠돌며 노래하고 춤추며 민중포교에 열을 올렸다.

하루는 "누가 내게 자루 없는 도끼를 주겠는가. 내가 하늘을 받칠 기둥을 깎으리라(誰許沒柯斧 我斫支天柱)"고 소리치며 다녔지만 그 뜻을 아는 이가 없었다. 그러나 무열왕은 이 소식을 궁 안에서 전해 듣고 무릎을 탁 쳤다. '자루 빠진 도끼는 과부를 뜻하고 하늘 받칠 기둥은 과부가 낳은 아이가 나라의 인재가 되는 것을 상징한다'고 해석했다.

임금은 관리를 불러 귀엣말로 "저 미친 척하며 돌아다니는 저 중을 붙들어 요석궁에 들여라"는 명을 내렸다. 둘째 딸인 요석공주는 백제와의 전투에서 남편을 잃은 청상이었다. 안 그래도 공주는 원효의 인물됨에 반해 승복과 모란꽃을 선물로 보내고 마음속으로 애모의 정을 키우고 있던 중이었다.

관리가 원효를 찾아 문천교(월정교)를 지날 때 스님과 맞닥뜨렸다. 관리가 밀었는지 스님이 헛다리를 짚어 넘어졌는지 좌우지간 '풍덩!' 하는 소리와 함께 원효의 연극은 각본대로 끝이 났다. 관리가 앞장서고 원효는 젖은 옷을 입은 채로 요석궁으로 들어갔다.

자루가 빠진 도끼 구멍에 기둥 깎을 도끼 자루를 끼워 보니 사이즈가 기가 막히게 딱 맞았다. 원효와 공주는 삼일 밤낮을 눈 붙일 여가 없이 사랑을 나눴다. 원효가 떠나고 난 뒤 공주의 배가 불러오기 시작했다. 공주의 아들은 신라 10현 중의 한 분인 설총이다.

최근 볼일이 있어 경주에 들렀다가 막바지 복원공사가 진행 중인 월정교를 건너 요석궁터 인근에서 저녁밥을 먹었다. 내 옷이 물에 젖지도 않았고 막걸리 시중을 드는 공주처럼 생긴 여인도 없었는데 괜히 신이 났다.

노래 하나 지어 흥얼거리며 경주 시내를 돌아다니면 공주 같은 여인을 만날 수 있을까. 싱어송라이터 교실이 어디에 있는지 그것부터 알아봐야겠다.

우도의 여류 화가

"저 섬에서/ 한 달만 살자/ 저 섬에서/ 한 달만 뜬눈으로 살자/
저 섬에서/ 한 달만 그리운 것이/ 없어질 때까지/ 뜬눈으로 살
자."

제주여행을 준비하다가 인터넷에서 이생진의 「그리운 섬
우도에 가면」이란 시를 만났다. 우도는 몇 번 다녀온 곳이어
서 갈 생각이 없었다. 그런데 시 한 편이 '저 섬에서 한 달만
살자'고 윙크를 해대니 가지 않을 도리가 없었다.

맘속으로 우도행을 결정하고 나니 섬에서 만나야 할 사람과
보아야 할 풍경과 그리고 먹어야 할 음식이 줄줄이 떠오른다.
아둔한 내 머릿속에서 이런 결정적 순간에 천재들이나 지니고
있을 창의력과 기획력이 쉼 없이 튀어 나오니 참으로 기특하
다. '그래 가자. 우도엘 가자'며 계획에 없던 것을 실행에 옮기
려니 스케줄까지 쉽게 짜진다.

우도에 가면 거기서 한나절만 놀다 가기로 했다가 그대로
눌러앉자 살고 있는 여성을 만날 수 있다. 그녀는 섬 총각과
첫눈에 연애를 하다 '그리운 것이 없어질 때까지' 누가누가 이

기나 힘겨루기를 하고 있는 지가 벌써 십 년이 훌쩍 넘었다.

그녀의 이름은 안정희. 90학번으로 부산대 미대에서 그림을
전공했고 부산과 제주에서 개인전을 연 화가이자 시인이다.
정치에 발 들여놓은 안철수 씨의 사촌동생이다. 그녀를 수식
하거나 형용할 이런 잡다한 설명은 전혀 필요치 않다. 그녀는
다만 풍류객으로, 웬만큼 가락을 잡을 줄 아는 남정네들도 감
히 넘볼 수 없는 풍류의 바다를 혼자 유영하고 있다.

그녀는 대학 때 단 한 번 와봤던 우도를 졸업 후 혼자 찾아
왔다. 등대 부근을 지날 때 술을 마시던 마을 청년들 속에 한
총각과 눈이 마주쳤다. 술자리에 끼어들었다가 별빛 쏟아지는
해변을 파도소리 들으며 함께 걸었다. 운명이었다. 이튿날 그
녀는 섬을 떠났으며 섬 총각은 다 잡은 파랑새를 놓쳐 버렸다.

일주일 후, 별밤의 추억을 잊지 못한 그녀가 보따리를 싸들
고 돌아왔다. 섬 총각은 마술지팡이 끝에 날개를 접은 파랑새
를 새장 안에 집어넣었다. 그들은 바로 결혼했다. 세 살 아래
인 남편 편성운 씨와 함께 처음에는 시어머니를 도와 마늘과
땅콩농사를 지었다. 그러나 속에서 일고 있는 끼를 주체할 수
없어 다시 팔레트와 붓을 잡고 우도의 파란 바다와 조개와 게
그리고 고동을 그리기 시작했다.

농사 하나에만 매달릴 수 없었다. 우도 등대 앞에 포장마차
를 열고 막걸리, 파전, 어묵 판을 벌여놓고 그 옆에 우도의 반
짝이는 바다를 직접 그린 그림엽서를 팔았다. 그러다가 수채
화 32점과 그림을 뒷받침하는 시 32편으로 『우도를 그리는 꽃

잎 바다」란 시화집을 냈다.

그러다가 고물 버스 한 대를 구입해 작은 갤러리를 열었다. '초록 우도'란 멋진 갤러리는 화가의 산실이자 그녀가 끓여 낸 열무국수와 해물파전을 맛볼 수 있는 간이식당이다. 버스 안으로 올라서면 풍경은 다소 생경스럽다. 덜거덕거리는 소리를 내면서 달리고 싶어 하는 버스의 차창은 온통 우도 풍경으로 도배되어 있다.

푸른 바탕에 뭉게구름에 가려진 초승달 위에 소년이 앉아 있는 샤갈 풍의 그림들이 대부분이다. 딱딱한 나무의자에 앉아 그녀가 내려 준 드립 커피 한 잔을 마시며 노래 한 곡을 듣고 싶다. 조지 거슈윈의 〈랩소디 인 블루〉를 트럼펫 솔로로.

이번 여행에 우도의 화가를 기억해 낸 건 우연에 가깝다. 몇 달 전인가. 아침 텔레비전 방송에 낯익은 바다 풍경이 보이 길래 자세히 보니 우도였다. 〈인간극장〉이란 프로그램에서 섬 총각에게 발목이 잡혀 평생을 저당 잡힌 이야기를 솔직하게 전하고 있었다.

그녀의 파란만장한 삶의 이야기가 거의 날것으로 방영되자 찾아오는 육지 관광객들이 엄청나게 늘어났다. 제주 민속품의 주종이 돌하르방뿐이어서 그런지 몰라도 그녀가 그린 그림엽서는 최고의 인기상품이다.

나는 제주여행 마지막 날 우도로 들어갔다. '초록 우도'가 쉽게 눈에 띄겠거니 하고 걸었지만 보이지 않았다. '하하호호'라는 땅콩버거집 아가씨에게 "그림 그리는 여류화가의 집이 어디냐"고 물어보았다. "그분요, 이제 우도에 살지 않고 제주시로 이사를 갔어요"한다.

잠시 망연자실해졌다. 그녀를 찾아온 도시의 처녀들이 부러워하는 눈치를 보이면 "내가 부러우면 너도 그렇게 해버려"라고 서슴없이 말하는 배포 큰 풍류객이 우도를 떠나 버리다니. 아이구 안타깝네.

영천 피에타

시각장애자는 눈으로 보지 않고 느낌으로 걷는다. 느낌이 더 밝고 선명하기 때문이다. 절망, 쓸쓸함, 외로움, 마음의 아픔도 눈으로는 볼 수 없지만 필링으로 다가오는 것이 두 눈으로 보는 것보다 더 절절하다.

〈피에타〉를 조각한 미켈란젤로는 보이지 않는 것을 볼 수 있는 혜안을 가지고 있었다. 어느 날 석물가게 앞을 지나던 그는 "나는 이 대리석 안에 누워 있다. 불필요한 부분을 떼어내 내 모습을 드러나게 하라"는 예수그리스도의 음성을 환청처럼 들었다.

"이 돌의 값은 얼마지요?"

"공짜로 가져가세요. 돌이 너무 커서 아무도 사 가는 사람이 없어요."

그는 그 돌을 싣고 와 일 년 동안 육체를 가리고 있는 군더더기를 정과 망치로 쪼아냈다. 그랬더니 너무나 젊고 청순한 성모 마리아가 이미 숨이 끊어진 아들 예수를 무릎 위에 안고 있는 모자상이 드러난 것이다. 조각가 자신도 너무나 완벽한 조상(彫像)에 감동하여 마리아의 어깨끈에 자신의 이름을 새겨 넣었다. 그의 나이 24세 때 일이다.

피에타란 '자비를 베푸소서'란 이탈리아 말이다. 그 돌을 쪼아 만든 조상을 '바티칸 〈피에타〉'로 부르고 있다. 이 조각품은 피렌체에 있는 〈다비드상〉과 로마 성 베드로 성당에 보관되어 있는 〈모세상〉과 함께 미켈란젤로의 3대 걸작으로 꼽힌다.

김기덕 영화감독이 「피에타」란 영화로 베니스영화제에서 황금사자상을 탄 적이 있다. 미켈란젤로가 추구한 피에타는 하찮은 돌덩이에서 성모 마리아와 예수를 끄집어낸 힘든 작업이었지만 그가 지향한 마지막 화두는 '어머니는 구원자'라는 것이다. 김 감독의 영화 「피에타」에서도 이 화두는 변하지 않는다. 어머니는 영원한 구원자다.

미켈란젤로의 〈피에타〉 제작은 평생의 업보였다. 그는 젊은 날, 석물가게에서 얻어 온 돌덩이로 조각한 바티칸의 〈피에타〉는 아름다움의 극치라고 할 만한 조각품이다. 그러나 그는 마리아와 예수의 비탄과 슬픔이 외적인 아름다움으로 변주된 것 자체가 무의미하고 난해하다고 느꼈다.

그는 마지막 작품인 〈론다니니의 피에타〉를 조각할 때가 89세였다. 그동안 열심히 새겨 오던 마무리 단계의 조각상을 망치로 깨뜨려 버리고 한쪽 옆으로 밀쳐 둔다. 죽음을 예감한 미켈란젤로는 재생 불능의 그 조각상을 끌어당겨 혼신의 힘으로 깨진 조상에 영혼을 불어넣는 작업을 시작한다.

〈론다니니의 피에타〉는 비율에 맞지 않는 왼팔이 떨어져 나와 있고 깨진 오른팔도 몸과 연결이 불가능한 상태였다. 미켈란젤로는 근 10년 동안 깨진 조상에 매달려 쓰레기를 작품으로 승화시킨다. 그는 흐트러진 비율과 몸에서 이탈한 팔을 미적 조화로 수정하는 작업에 여생을 몽땅 바치게 된다. 임종을 앞두고 점점 사위어 가는 호흡을 가다듬어 예수그리스도의 고난과 죽음에 동참하기 위해 자신의 자화상을 〈피에타〉란 작품에 투사시켰으리라.

바티칸의 〈피에타〉가 아름다움의 완성품이라고 말할 수 있다면 〈론다니니의 피에타〉는 숨이 막혀 눈물마저 멎어 버리는 소름 돋는 조상이다. 각기 다른 비율과 눈에 보이지 않는 윤곽이 어색할 것 같은데 어색함이 도리어 충만함으로 느껴지는 게 바로 이 조각품이다. 아마 미켈란젤로는 보이는 모습보다는 보이지 않는 모습을 들여다봐 주기를 원했기 때문에 〈론다니니 피에타〉에 자신의 생애 마지막 부분을 쾌척했으리라.

미켈란젤로는 1564년 2월 16일 피곤에 지친 몸으로 작업을 하다 완성이 불가능한 〈론다니니 피에타〉 곁에서 숨을 거둔다. "영혼은 하나님에게, 육체는 대지로 보내고, 그리운 피렌체로 죽어서나마 돌아가고 싶다"는 유언을 남긴다.

영화 「피에타」를 본 다음 날, 영천시 북안면 관리에 있는 〈돌할매〉를 만나러 갔다. 이 〈돌할매〉는 길이 25센티미터, 무게 10킬로그램인 볼링공만한 것이었다. 이 돌은 가슴속에 소원이 있는 사람이 그냥 가벼운 마음으로 돌을 들면 쉽게 들어

올려진다. 시주함에 돈 몇 푼을 넣고 주소와 이름, 나이를 대고 소원을 정성껏 말한 후 들어올리면 쉽게 들리지 않는 영험함이 있다고 알려져 있다. 마침 정월 보름이어서 〈돌할매〉를 만나려는 사람들이 장사진을 치고 있어 〈돌할매〉의 접견은 포기하고 말았다.

이날 미켈란젤로와 동행했더라면 둥근 돌멩이 속에서 끄집어 낸 '영천 피에타'인 〈돌할매〉를 직접 만나 봤을 텐데. 아뿔싸, 아깝고 안타깝다.

개구리 합창 교향곡

계곡의 얼음장 밑을 흐르는 물소리가 봄이 오는 낌새를 알려준다. 겨우내 꽁꽁 얼어 있던 계곡들이 하품을 하면서 몸을 비틀기 시작하면 봄은 그리 멀지 않다. 낮은 음자리의 음표를 짚어가듯 똑똑똑! 하고 떨어지는 낙숫물 소리는 빠른 속도로 옆자리로 전해져 온 산천이 봄소식에 화답한다. 봄기운은 함성에 가깝다.

판소리 한 자락이 어깨를 들썩이게 하듯 얼음장 밑 물소리는 벗고 서 있던 나목들에게 푸른 생기를 불어넣어 그게 바로 추임새 구실을 한다. 봄 길목의 나무들은 하나 같이 초록기운의 충동질에 몸둘 바를 모른다. 계곡은 계곡대로 능선은 능선대로 제 장단에 어깨춤을 추며 아직 겨울잠에 취해 있는 이웃 생물들을 흔들어 깨운다.

이맘때가 되면 더러 봄사냥에 나선다. 창과 활을 쥐고 가는 그런 사냥이 아니다. 양쪽 귀를 향도로 앞세우고 나머지 감각들은 뒤를 따르게 하는 이른바 소리사냥이다. 사냥터는 한적한 산자락의 물기에 젖어 있는 계곡이면 아무곳이나 상관없다. 그렇지만 사냥은 수확이 있어야 하기에 내가 원하는 소리가 들리는 곳이라야 마음을 놓을 수 있다.

나의 소리 사냥터는 비슬산 자락 유가사 옆 계곡이다. 삼월 하순 날짜를 잘 맞추기만 하면 베를린 필하모닉 오케스트라의 베토벤 9번(합창)교향곡을 능가하는 연주를 원 없이 들을 수 있다. 유가사 오케스트라에는 파바로티, 도밍고, 카레라스와 같은 이름난 성악가들은 이미 죽었거나 바빠서 출연하지 못하고 굴속 겨울잠에서 깨어난 개구리들이 출연한다. 개구리 합창은 장엄하고 웅장하다. 알토와 테너의 혼성화음은 물론 소프라노와 바리톤이 뒤섞이는 능청스런 화음까지도 농도를 잘 맞춘 크리스탈잔 속의 칵테일처럼 서늘하면서 감미롭다.

그들 중에 지휘봉을 든 지휘자가 있는지 없는지 그건 알 길이 없지만 한결같이 황금색 연미복을 엉덩이가 덮일 정도로 잘 차려 입고 있다. 단원수는 어림잡아 수천수만에 육박할 것 같다. 그렇지만 각자가 속해 있는 파트가 분명하여 돌출 음색을 내는 경우는 거의 없다. 한 가지 분명한 것은 연주곡목이 '합창'이란 단 한 곡뿐이라는 사실이다. 인터미션도 없고 앙코르 곡이 없어도 청중들은 지루해 하지 않는다.

근 이십여 년 전 하늘나라로 떠나는 친구의 49제를 이곳 유가사에서 지내고 하산하는 길에 이 코러스를 들었다. 죽은 자를 보내는 슬픔이 개구리 합창이란 음악으로 치환될 때 느끼는 감정은 바로 희열이었다. '개골개골'이란 가사가 '꽬꽬꽬'로 요약되어 들리기 시작하자 문득 이건 개구리의 합창이 아니라 천사들의 합창이란 생각이 들었다. 이듬해에도 그 다음해에도 파젯날을 기억해 두었다가 산천을 배회하고 있을 친구의 영혼을 위무하기 위해 절로 올라갔다. 그러나 '천사의 합창'은 더 이상 들리지 않았다.

이 세상의 순환 이치에는 시가 있고 때가 있는 법이다. 인간들이 정한 달력은 다만 종이 위에 적힌 숫자일 뿐 개구리 달력과는 맞지 않을 때가 있다. 몽골초원의 풀꽃들도 개체별로 꽃을 피우는 날짜와 꽃이 지는 날짜를 스스로 정한다. 그들은 꽃달력의 지시에 따라 단숨에 꽃을 피웠다가 한꺼번에 자지러진다. 사람들이 '작년 이맘때쯤'이란 어렴풋한 기억을 갖고 꽃들의 시크릿 가든을 찾아가면 아직 피지 않았거나 이미 져버려 낭패를 당하는 경우가 왕왕 있다. 꽃들이 인간을 신뢰하지 않아서가 아니라 경쟁에서 살아남기 위한 몸부림으로 이해해야 한다.

황하의 신 하백(河伯)이 자신이 다스리는 황하의 물을 보고 자만심이 생겼다. 그런데 바다를 보고는 기절하고 말았다. 바다의 신인 약(若)이 충고했다.

"우물 안 개구리에게 바다를 설명할 수 없다(井蛙不可以語海). 개구리는 우물이란 공간에 갇혀 있기 때문이다(拘於虛也)."

『장자』에 나오는 이야기다.

이럴 땐 시 한 구절을 읽고 넘어가야겠다. 윌리엄 블레이크의 「순수의 전조(*Auguries of Innocence*)」에 나오는 것이다.

"한 알의 모래 속에서 세계를 보고 한 송이 들꽃에서 천국을 보려면, 그대 손바닥 안에 무한을 붙들고 시간 속에 영원을 긴직하라."

시를 읽고 보니 개구리 합창 공연의 티켓 한 장도 시간 맞춰 끊지 못하는 나를 질책하는 것 같아 부끄럽고 송구스럽다.

화투짝 비 광(光)에 왜 개구리의 초상이 들어가 있는지를 아는 이들은 드물다. 일본의 오노도후(小野道風)란 1세대 서예가는 냇가를 거닐다가 개구리 한 마리가 불어난 물에 쓸려 가지 않으려고 안간힘을 쓰고 있는 장면을 목격했다. 온 힘을 다해 늘어져 있는 버들가지를 잡으려 했지만 불가능했다. 그러다가 강풍이 불어 가지가 개구리 쪽으로 휘어지자 그걸 잡고 겨우 기어오르는 모습을 보고 크게 깨우쳤다. 당시 오노도후는 서예를 계속해야 할지 말지를 고민하던 중이었다. 그는 미물인 개구리의 칠전팔기하는 투지를 보고 느낀 바가 있어 정진에 정진을 거듭한 끝에 서예 대가로 거듭날 수 있었다.

이 이야기는 화투를 그리는 환쟁이가 마지막까지 최선을 다하라는 뜻으로 버들가지와 냇물 사이에 서예가를 세우고 그의 발밑에 개구리 한 마리를 그려 넣었다고 한다. 나도 개구리를 멘토로 삼고 가르침을 받아야겠다. 내년에도 또 다음 내년에도 소리의 화음이 산천을 뒤덮는 유가사 필의 개구리 합창 교향곡을 들으러 그곳으로 가야겠다.

천상병 시인의 생일

미역국하면 떠오르는 게 출산과 생일이다. 애기 낳고 미역국 안 먹는 여인이 없고 생일상에 미역국이 오르지 않는 법이 없다. 내 고향 금호강의 중림공굴 다리 밑에 살았던 거지 내외도 애기를 낳으면 깡통 속에 모아 두었던 동냥 돈으로 미역 한 오리를 사서 산모에게 끓여 먹인다는 소문을 들은 적이 있다.

미역은 바다풀의 한 종류이긴 하지만 그 효능은 신비하다. 우선 피를 맑게 하면서 지속적인 조혈작용으로 산모의 부기를 제거한다. 칼륨과 요오드 성분이 신진대사를 활발하게 하여 모유를 잘 나오게 한다. 미역이 이렇게 좋은 데도 서양 사람들은 다섯 쌍둥이를 낳고도 미역국을 끓여 먹었다는 기록을 보지 못했다. 그들이 바보인지 우리가 미역교의 광신도들인지 도무지 분간이 가지 않는다.

나는 미역을 좋아한다. 젊은 시절 강이나 바다에서 투망질을 하거나 낚시를 할 때 현장에서 밥을 지을 경우 안주 겸 반찬으로 미역무침을 직접 만들었다. 미역을 씻고 마른 명태를 찢어 고추장과 고춧가루로 양념을 한 후 다진 마늘과 깨소금을 뿌리면 다른 반찬이 없어도 거뜬하게 한 끼를 때울 수 있었다.

요즘도 섬이나 갯마을 여행 중에 미역 건조장을 만나면 그냥 지나치지 못한다. 그런데 문제는 인근에 양식재배를 하는 지역에선 자연산 미역은 찾을 수가 없고 여행객들의 내왕이 빈번한 항구의 건어물가게에서도 질 좋은 미역은 구할 수가 없다.

포장지에 '무슨 특산 돌미역'이라고 쓴 글귀를 믿었다간 백전백패를 각오해야 한다. 이름난 섬과 항구는 어디든 마찬가지다. 그래서 우리 집에는 미역국을 끓이면 '풀떼죽'처럼 풀어지는 특산 돌미역이 구석구석에 숨어 있다. 나는 "다시는 미역을 사오지 않겠다"고 맹세하지만 만날 타박을 당하면서도 그게 잘 안 된다.

"원죄가 따로 없구나/ 못난 놈 낳으시고/ 어머니께서 드신 미역 값은 하는지/ 나만 믿고 졸졸 따르는 병아리 같은 자식놈들께 자신 없고/ 당신 없으면 못 산다는 속고 사는 아내에게,/ 모두에게 죄 짓고 사니/ 생일날 아침엔 왠지 쑥스럽고 미안하다/ 입 속에 씹히는 미역 한 줄기에도 쑥스럽고/ 출근길 밟히는 잡풀 하나에도 미안하다."(구광렬의 시 「생일날 아침」)

최근 비진도엘 갔다가 겉으로 보면 볼품은 없어도 맛은 그럴듯한 자연산 미역 한 움큼을 단돈 일만 원에 샀다. 내 인생에서 미역에 관한 최초의 성공 기록인 셈이다. 아내와 나는 트레킹 팀을 따라 비진도로 들어가 외항마을 산호길을 돌아 내

항마을 선착장으로 돌아오니 배를 타기까지 한 시간 반이란 여유가 생겼다.

이날 바다에는 풍랑이 치고 해변에는 모래바람이 불어 몸을 숨길 곳이 없었다. 우린 내항마을에서 단 하나뿐인 구멍가게에 들어가 라면 박스로 술상을 차리고 오징어땅콩을 안주로 막걸리를 마셨다. 워낙 먹을 게 없어 주인(박장명·67)에게 "어르신께서 잡수시던 김치라도 안주하게 좀 주세요" 했더니 엄청 짜게 담근 김장김치 한 보시기를 내 주셨다. 나는 김치를 건네주면서 부끄러워하던 주인의 마음씨가 너무 고마웠다.

마침 큰 비닐 보자기 속에 상품 가치가 없어 보이는 묵은 미역이 있길래 "이것도 파는 겁니까" 하고 물어보았다. "팔다 남은 건데 아무도 사가는 사람이 없어요"란 대답이 돌아왔다. 사실 미역의 때깔은 말이 아니었다. 원래 미역의 색깔은 검어야 하는데 이건 숫제 붉고 희고 총천연색이었다. 그래도 내가 우겨 그냥 돈 만 원을 드린다고 생각하고 그걸 샀다.

이곳 내항마을 사람들은 모두들 너무 순박해 보였다. 해풍 맞은 시금치를 팔던 할머니는 "나는 저울 눈금을 잘 몰라, 알아서 달아 봐" 하며 앉은뱅이 저울을 사는 이들에게 내맡기는 그런 곳이다. 구멍가게 앞 새마을회관 벽면에는 1963년 9월 16일 재건국민운동 한산면 촉진회장이 수여한 상장에는 이렇게 쓰여 있었다. "제1회 침목(친목의 오자)배구대회에 용감한 기백과 강건한 몸으로 분투한 결과 두서의 성적을 획득하였기로 …." 누렇게 변한 그 상장이 지난 50년 동안 이 벽면을 장식하고 있었으니 이 마을 사람들의 마음씨를 짐작할 수 있었다.

귀가한 다음 날 아침 미역의 안부가 궁금했다. 미역을 양념
장에 찍어 먹을 요량으로 물에 불렸더니 일급 자연산 미역으
로 변모하는 것이었다. 다음 날은 오랜만에 미역국을 끓여 보
니 풀어지기는커녕 빳빳한 원래의 모습이 흐트러지지 않았다.
대성공이었다. 풍랑이 불 때 바다 속에서 밀려나온 미역들이
갯가 바위에 붙었다가 이곳 비진도 아낙들에게 수거된 진짜
자연산이었다. 비진도 미역국을 먹다가 음력 설날 태어나 한
번도 미역국 생일상을 받아 본 적이 없는 천상병 시인의 「생
일 없는 놈」이란 시가 생각났다.

"나 같은 어리석은 놈에겐/ 생일잔치가 없었습니다/ 오십
두 살인 데도/ 단 한 번도 없었고/ 앞으로도 없을 겁니다/ 있
기 마련인 잔친데/ 왜 없었을까요?/ 간단한 이유입니다/ 30년
음력 설날에/ 이놈이 태어났기 때문입니다/ 어버이는 어버이
대로/ 설날 준비와/ 제사 모실 생각에/ 온 마음이 팔렸었고,/
나는 나대로/ 생일 생각은 전무(全無)할 수밖에는."

천국으로 가는 택배가 있으면 비진도 미역 몇 오리를 시인
의 부인 목순옥 여사 앞으로 보내고 싶다.

상원사 계곡의 문수보살

하나님을 한 번도 부정하지 않았다. 전지전능한 힘을 가진 그분의 뜻을 거역해 본 적도 없다. 사실은 하나님이 무서워서 그랬다. 만일 하나님의 권능을 거부했다간 어떤 형벌이 내려질지 모르기 때문이다.

소설가 박완서도 내 생각과 비슷했던 모양이다. 남편과 외아들을 같은 해에 잃고 하늘을 향해 절규하면서 기도 같은 반항, 반항 같은 기도를 이렇게 했다. "사랑해서도 아니고, 당신을 믿어서도 아닙니다, 만에 하나라도 당신이 계실까봐, 살아계셔서 내 식구 중 누군가를 또 탐내실까봐 무서워서 바치는 기도입니다."

속리산엘 오르기 위해 말티고개를 넘어 정이품송 어귀에 이르면 수양대군에서 임금으로 변신한 세조가 떠오르지 않고 하나님이 눈앞을 막아선다. "왜 그날 소나무의 가지 하나를 들어올려 조카를 죽인 세조의 가마를 무사하게 지나가게 했는지요"라는 원망스런 질문이 튀어 나올 것만 같다. 그러나 하나님이 무서워서 묻지 않고 지나쳤다.

이건 약과다. 어쩌다 겨우 한 번 찾아가는 월정사와 상원사 계곡에 들어서면 평소에 참아 온 울분이 터져 나온다. 그러나 그 불만을 크게 외치지 못하고 속으로 삭이고 만다. 하나님에 대한 분노의 표현은 '하는 것이 아니란' 걸 어릴 적부터 어머니를 통해 배워 왔기에 '하나님께서도 무슨 사정이 있었겠지' 하고 유예하고 만다. 그러나 응어리가 완전히 녹아 내린 것은 아니다.

하나님은 역대 왕들이 저지른 인간 이하의 행위를 눈감아 준 적이 많다. 영조가 아들인 사도세자를 뒤주 속에 가둬 굶겨 죽였지만 그를 83세까지 살도록 장수의 청복을 내려 주셨다. 세조가 단종을 죽이고 보위에 올랐지만 질타는커녕 궁녀의 꽃밭 속에서 아무 꽃을 꺾어도 벌 받지 않고 호의호식하며 지내게 했다. 하나님도 강한 자에겐 약하고 약한 자에겐 강한 그런 분은 혹시 아닐까.

엿새 만에 혼자서 천지창조를 주도해 온 하나님의 권위를 부정하는 것은 절대로 아니다. 하나님에 대한 결점이 눈에 보이는 것은 해마다 거르지 않고 한 살씩 먹어 온 나이 탓이 아닌가 싶다. 이 기회에 딱 한 가지만 말씀드리고 싶은 것은 권선징악이란 사자성어는 당신 스스로가 만들어 놓으시고 정작 자신은 지키지 않고 계시다는 것이다.

권선징악을 소재로 인간들이 만든 작품은 서부영화가 대표적이다. 악당은 반드시 죽고 서부는 죽을 고생을 해도 마지막엔 살아남는다. 「황야의 7인」 「역마차」 「석양의 무법자」들이 모두 그렇다. 영화의 귀재라는 스티븐 스필버그가 만든 「레이더스」와 「인디아나 존스」에도 악당은 살아남지 못한다.

만약, 만약에 말이다. 심심하신 하나님이 메카폰을 잡고 「석양의 무법자」에 나오는 클린트이스트와 악역 배우 리 반 클리프를 캐스팅하여 서부영화를 찍었다면 어떻게 되었을까. 제목은 '뒤주 속의 아들'이나 '단종의 청령포' 등 아무렇게 붙여도 상관없지만 악당을 만수무강토록 그렇게 영화를 만들지 않았을까. 하나님이 서부영화의 감독을 하지 않은 건 퍽 다행스런 일이다.

세조가 오대천 계곡에서 문수보살을 만났던 이야기를 하려다 흥분하여 서두가 길어졌다. 세조는 죽을 때까지 단종을 죽인 죄책감에 시달렸다. 단종의 어머니이자 형수인 현덕왕후의 혼백에 시달려 아들 의경세자가 죽자 그녀의 무덤을 파헤쳤다. 형수가 자신의 얼굴에 침을 뱉는 꿈을 꾼 후 몹쓸 피부병에 걸렸다. 사가들은 '그건 피부병이 아니라 많은 궁녀들과의 황음에서 비롯된 창병이 심해진 것'이라고 말하고 있다.

세조의 오대산 나들이는 부처님께 참회의 기도를 올려 종기가 낫기를 발원하는 행차였다. 세조는 물 맑은 오대천에서 목욕을 하고 있었다. 마침 지나가는 동승에게 등을 밀어 달라고 했다. 팬티를 입으면서 세조는 "어디서든 임금의 옥체를 씻었다고 말하지 말라"고 했다 그러자 동승은 "임금님도 문수보살을 친견했다고 말하지 마세요" 하고는 홀연히 사라졌다.

동승이 떠나고 난 뒤 몸의 부스럼은 씻은 듯이 사라졌다. 감격한 세조는 문수보살의 모습을 그림으로나마 남겨 두려고 화공을 불러 그림을 그리게 했다. 이름 나 있는 화공들이 세조가 일러준 대로 그렸지만 그건 문수보살의 얼굴이 아니었다. 하루는 누더기 차림의 노승이 "제가 그려 보겠습니다" 하고 찾아왔다. 노승은 세조의 설명을 듣지 않고 그렸는데도 똑같이 그려냈다.

"노스님은 어디서 오셨소" 하고 물으니 "영산회상에서 왔습니다" 하고 대답한 후 구름을 타고 하늘로 올라가 버렸다. 악당 세조에게 문수보살이 두 번이나 현신한 것이다. 왜 그랬을까. 이건 문수보살의 잘못이 아니라 순전히 하나님의 실수다. '문수와 세조'라는 영화 시나리오의 '멋진 놈'과 '더티한 놈'의 설정이 애초부터 잘못된 것이다.

세조가 그림을 토대로 목각상을 제작토록 한 것이 상원사의 문수동자상이다. 국보 221호인 동자상은 지금도 상원사 법당에 모셔져 있다. 나는 늦겨울 눈이 내리는 날 상원사에 가기 위해 행장을 꾸렸다. 심술궂은 날씨와 빠듯한 일정 때문에 월정사에서 발이 묶여 상원사에는 올라가지 못했다. 올여름에는 세조가 등을 밀어 달랬던 그 계곡에 풍덩! 빠져 볼 작정이다. 나도 문수보살을 만날 수 있을라나.

불알 두 쪽과 바꾼 목숨

소록도에 들어서니 문득 중국의 전한(前漢) 때 사람 사마천이 생각난다. 그는 어려움에 처한 남을 도우려다가 임금의 노여움을 사 궁형(宮刑)을 당한 어진 사람이다. 궁형이라 함은 시체말로 '불알을 까는 형벌'이다. 궁형은 당시 사형 언도를 받은 죄인이 사형을 면하기 위해선 고환을 까서 바치든지 아니면 어마어마한 벌금을 내야 했다. 기원 전 백 년인 그때도 지금의 우리나라처럼 '유전무죄 무전유죄'란 게 있었나 보다.

바람이 세게 불고 풍랑이 거세게 일던 3·1절 연휴에 소록도에 갔다. 제비선창의 아름드리 소나무가 허리가 꺾일 듯 휘는 바람맞이에 수탄장(愁嘆場)이란 안내판이 서 있었다. 원래 소록도는 섬 동쪽 일부를 직원지대, 서쪽을 병사지대로 나눠 철조망을 치고 출입을 제한했다. 환자 부부 사이에 태어난 미감 아들은 부모와 떨어져 직원지대의 미감아 보육소에 격리되었다. 이들 부모 자식들은 한 달에 한 번 이 도로의 양 옆에 일렬로 서서 눈으로만 엄마 아빠를 보고 부모는 한번 안아 보지도 못하고 눈물을 흘리며 돌아서야 했다. 사람들은 이곳을 탄식의 장소라는 의미로 '수탄장'이라 불렀다.

이건 소록도 슬픔의 제1막에 불과하다. 환자 사이에는 '3번 죽는다'라는 말이 있다. 첫 번째는 나병에 걸렸을 때이고, 두 번째는 죽은 후 해부를 당할 때이며, 마지막은 해부 후 화장할 때이다. 일제는 전국의 나환자들을 소록도로 불러 강제로 격리수용시켜 노동을 착취하고 인권을 유린했으며, 사체를 마음대로 해부하고 화장했다.

이곳 감금실은 그야말로 지옥이었다. 불법감금, 금식, 체벌은 예사였다. 환자들은 강제노역과 온갖 학대행위에도 무조건 복종해야 했다. 감금실을 벗어날 땐 예외 없이 마취도 하지 않고 생살을 찢는 정관절제를 당했다. 감금실 내부 벽면에는 아직도 못이나 손톱으로 절규하면서 써 놓은 글씨를 볼 수 있다.

"그 옛날 나의 사춘기에 꿈꾸던/ 사랑의 꿈은 깨어지고/ 여기 나의 25세 젊음을/ 파멸해 가는 수술대 위에서/ 내 청춘을 통곡하며 누워 있노라/ 장래 손자를 보겠다던 어머니의 모습/ 내 수술대 위에서 가물거린다/ 정관을 차단하는 차가운 메스가/ 내 국부에 닿을 때/ 모래알처럼 번성하라던/ 신의 섭리를 역행하는 메스를 보고/ 지하의 히포크라테스는/ 오늘도 통곡한다."(제4대 수호 원장 시절 명을 거역했던 이동(李東)이란 청년이 감금실에서 풀려나면서 강제로 정관절제를 당한 후 쓴 시 「단종대」)

일본인 수호 원장은 1940년 8월 20일 자신의 동상(3.3m)을 건립하고 매월 20일 환자들로 하여금 참배케 했다. 그는 1942

년 6월 20일 기념일 행사 중 이춘상이란 열혈청년에 의해 살해되었다. 그 후 해방을 맞아 자치권을 요구하던 84명의 협상대표들이 치안대에 의해 1945년 8월 22일 처참하게 학살당한 사건이 벌어졌다. 참사 56년만인 2001년 유골발굴 작업을 벌여 다수의 유골을 발굴하고 2002년 8월 22일 그 현장에 추모비를 세웠다.

소록도 나환자들의 수난사를 간략하게 엮은 것이 여기까지다. 그런데 왜 단종실에 들어서자마자 내보다 이천 살이나 더 먹어 부를 명칭조차 애매한 큰형님뻘인 사마천을 기억해 냈을까. 사마천은 아버지의 관직인 태사령 직을 물려받은 역사가다. 아버지가 36세 때 지병으로 운명하면서 자신이 집필해 오던 역사서 편찬을 끝내 줄 것을 아들에게 부탁한다. 아들 사마천은 아버지의 유언을 따른다.

그로부터 10여년 뒤 임금인 무제의 명으로 흉노를 정벌하러 나섰던 이릉 장군이 전장에서 포로가 되는 사건이 생겼다. 임금도 노하고 신하들도 가문을 멸족할 것을 주장했다. 그러나 사마천은 장군의 충절과 용감성을 두둔하다 밉보여 끝내 사형선고를 받게 되었다. 그 당시 풍조는 궁형을 당하느니 목을 내놓는 게 일반적이었다. 그러나 사마천은 선고의 유언인 집필 중인 『사기』의 완성을 위해 교수대에 매달릴 목숨을 불알 두 쪽으로 대체했다. 그래서 사마천의 초상에는 환관의 특징인 수염이 없다.

이렇듯 사마천이 자신의 귀하디 귀한 고환을 주고 바꾼 『사기」는 최초 임금인 황제(黃帝)에서 무제(武帝)에 이르기까지 중국 역사를 인물별로 기록한 130권의 방대한 분량의 역사책이다. 중국이 어떤 무엇과도 바꿀 수 없는 보물 중의 보물이다.

소록도 단종대 위에서 청춘을 빼앗긴 청년은 시인이 되었고, 불알 두 쪽을 잃은 사마천은 대역사가가 되었다. 불알 두 쪽을 버젓이 차고 대로를 덜렁거리며 돌아다니는 사람들이 부끄러워해야 할 일이다. 나를 비롯해서.

하나님의 돋보기

아무래도 안경 하나를 맞춰 하나님께 올려 보내야겠다. 하나
님은 하늘에 계시고 인간들은 땅 위에 살고 있다. 땅 위에서
인간을 볼 때와 하늘에서 인간을 내려다볼 때 물리적 거리는
같더라도 전혀 다르게 보인다. 하늘에서 보면 훨씬 작게 보인
다.

사육신과 생육신을 비롯하여 대부분의 사람들은 조카를 죽
인 세조를 '죽일 놈'이라고 말한다. 하늘에 계시는 하나님은
그 사정도 모르시고 여러 번 세조를 도와주고 목숨을 건져 주
셨다. 세상 돌아가는 일을 낱낱이 꿰고 계시는 하나님이 너무
높은 곳에서 보셨기 때문에 이런 착오가 생긴 게 아닐까.

세조의 속리산 행차 때는 회오리바람을 일으켜 가마가 걸리
는 소나무 가지를 들어 주었다. 또 상원사 계곡에선 동자승으
로 변장한 문수보살을 내려보내 세조의 몸에 난 종기를 치료
해 주었다. 그 이듬해에는 자객이 숨어 있는 상원사 법당으로
세조가 들어가려 하자 고양이로 모습을 바꾼 문수보살을 시켜
진입하지 못하게 막아 목숨을 살려 주었다. 하나님 눈에는 세

조가 그렇게 예쁘게 보이신 모양이다. 돋보기 안경이 없어서 아마 그랬을 것이다.

문수보살이 아니었으면 세조는 살아남지 못했다. 법당 안 수미단 밑에 비수를 지닌 자객이 세조가 들어오기를 기다리고 있었다. 이때 갑자기 고양이가 나타나 세조의 곤룡포 옷자락을 물고 늘어지는 바람에 법당으로 들어가지 못했다. 호위무사들이 자객을 붙들어 현장에서 참수했다. 세조는 고마움의 표시로 고양이 석상을 만들게 하여 문수전 계단 옆에 세워둔 것이 지금까지 전해 내려오고 있다.

하나님께 안경을 맞춰 드리려는 의도는 하나님의 시력을 지상에 살고 있는 인간의 수준으로 맞춰 보면 어떨까 해서다. 태초에 사람을 만드실 때 하나님은 자신의 형상과 비슷하게 만드셨다고 했는데 사람을 알아보는 시력만은 그렇지 않은 것 같다.

사물과 눈의 거리가 두 배로 늘어나면 그 사물의 크기는 2분의 1로 줄어져야 한다, 그런데 사람의 눈은 그렇지 않다. 100미터 앞의 자동차를 도로에서 볼 때는 크게 보이고 100미터 높이의 빌딩 꼭대기에서 볼 땐 작게 보인다. 수평과 수직의 오차가 이렇게 크다. 심리학자들은 이걸 항등성(constancy)이란 지각 원리 때문이라고 말한다.

항등성이란 주위 환경이 바뀌어도 사람의 눈은 계속 봐 온 방식대로 사물을 보려 한다. 탁자 위의 둥근 접시를 볼 때 눈 높이를 낮춰 보면 타원으로 보여야 하지만 사람은 여전히 둥글게 인식한다. 또 집에 있는 아내는 생길만치 생겼는 데도 무덤덤해 보이고 요정에 있는 아가씨는 별 잘난 것도 없는데 예뻐 보이는 것도 항등성 원리 때문인가. 나 원 참.

이야기를 뒤로 돌려 보자. 세조는 조카인 단종을 비롯하여 수많은 사람을 죽였지만 하나님은 탁자 위의 접시를 보듯 그를 나쁜 놈으로 보지 않았다. 하나님의 마음속 깊은 뜻을 인간은 알지 못한다. 항등성은 더러 오류도 범하지만 사물의 본질을 보여주는 데는 이만한 것이 없다. 상황이 변해도 둥글게 보이는 것이 접시의 본질이다. 멀리 있는 사자가 조그맣게 보인다고 개로 착각해선 안 된다. 하나님이 세조를 위험에서 살려 준 것 자체도 어쩌면 본질을 중시했기 때문이란 설이 성립될 수 있을지 모르겠다.

하나님의 뜻이 그렇다 하더라도 세월이 바뀌고 시속이 변하기 때문에 세상 물정을 잘 볼 수 있도록 안경을 한번 껴 보시는 것이 어떨까 한다. 눈은 두 개가 있어야 거리 측정을 제대로 할 수 있고 눈이 밝아야 사물과 현상의 본질을 볼 수 있다.

사람들은 더 밝은 세상을 찾아 안경을 버리고 콘택트렌즈로 바꿨다가 요즘은 눈깔 안에 렌즈를 심는 등 별별 짓을 다 하고 있다. 그것도 모자라 한쪽 눈을 감고 보는 것이 더 정확하다며 외눈 시대를 열어 가고 있다. 카메라 셔터를 누를 때, 총을 겨냥할 때, 윙크로 이성을 찍을 때 한쪽 눈만 사용한다. 그래서 일목요연(一目瞭然)이란 낱말이 생겨났다. 세상은 두 눈을 하나로 줄일 만큼 발전해 가고 있는데 하나님의 안경 착용도 불경스런 제안이긴 하지만 한 번쯤 검토해 볼 만하지 않는가.

이런 제안을 하게 된 동기는 아주 단순하다. 조선조 임금들이 나쁜 짓을 많이 저질렀음에도 하나님은 뒷짐만 지고 계셨다. 또 일본이 독도를 집어 삼키려 해도, 북한이 핵폭탄을 만들고 미사일 날려 보내도, 세월호가 바다에 빠져 수백 명의 어린 목숨들이 저 세상으로 갔는 데도 하나님은 못 본 체하고 계신다.

하늘이 너무 멀리 떨어져 있어서 지상의 것들이 보이지 않기 때문인가. 하나님 아버지! 세상이 훤히 내려다보이는 다초점 안경 하나를 올려 보내오니 끼시고 나쁜 놈들 손좀 봐 주시기 바랍니다. 제발 빕니다.

속리산 도깨비

미식은 잡식에서 출발한다. 음식도 이것저것 골고루 먹어 본 다음 맛있는 것을 찾아가야 제대로 된 미식가의 길을 걸을 수 있다. 그것은 도를 닦는 이가 상당 기간 광활한 황야에서 눈비를 맞아 가며 수련을 쌓은 뒤에 도인이 되고 성자가 되는 것과 같은 이치다. 예수와 석가 그리고 마호메트까지 이런 고난을 거치지 않은 도인은 없다.

중국 사람들은 책상다리만 빼고 모든 것이 음식 재료라고 말한다. 그들도 탄카오루양(출산 직전 새끼양 구이), 훠자오뤼(산 당나귀 살점 도려내 굽기), 카자오장(철판 위 산 오리 발바닥 구이), 펑깐지(산 닭 내장 빼고 뱃속 양념 넣어 굽기), 산쯔얼(갓 태어난 쥐 소스에 찍어 먹기) 등의 혐오 음식을 개발하기까지는 수많은 시행착오를 거쳤을 것이다.

나의 음식수준은 잡식과 미식의 경계지점쯤에 머물고 있다. 지금도 음식은 가리지 않지만 맛있는 것과 맛없는 것은 혀가 먼저 알아차린다. 그러나 남들이 먹을 엄두조차 못내는 몬도가네식 음식은 사양하지 않고 무모함을 앞세워 곧잘 도전한다. 서바이벌 세계에선 굶는 것보다는 배탈이 나더라도 먹는 것이 낫다는 걸 난 너무 일찍 터득했다. 이 세상은 어차피 서바이벌 게임이니까.

음식 이야기를 들춰낼 때마다 속리산 도깨비라는 별명을 가진 건축학자이자 민속학자인 정이품송 옆에 에밀레박물관을 짓고 살았던 조자용 선생이 생각난다. 선생의 호는 공우(公羽)다. 편지글 끝에 조자용 옹(翁)이라 쓰고 보니 뭔가 맘에 들지 않아 옹 자를 파자하여 '공(公)우(羽)'라 작호하여 스스로 그렇게 불렀다고 한다.

선생의 유머러스한 행동과 말씀은 미국의 걸출한 코미디언 밥 호프 수준이다. 그의 유머는 즉석에서 배꼽을 쥐게 하는 안가한 것이 아니라 몇 달 뒤에 생각하면 웃음이 나고 돌아가신 후 몇 년 뒤에 생각하면 눈물이 나는 그런 것이었다. 가장 지독한 비극은 동시에 희극이란 사실을 상기할 필요가 있다.

십여 년 전 공우 선생이 살아 계실 때 이야기다. 선생은 술을 좋아하셨지만 사모님은 따라다니면서 반대하셨다. 천하의 도깨비도 아내의 눈치를 봐야 했다. 기르던 진돗개가 마침 임신 중이어서 상태를 관찰한다는 핑계로 자주 개집을 드나들었다. 왕진가방 속의 필수장비는 소주병과 북어포였다. 사모님은 감쪽같이 속아 넘어갔다.

뵌 지가 너무 오래된 것 같아 술 못 마시는 친구를 운전기사로 꾀어 속리산으로 달려간 적이 있었다.

"아까까지도 여기 계셨는데." 선생은 사모님의 눈을 피해 개

196

집에 들어가 새끼 밴 암캐 옆에서 술을 마셨던 모양이다. "바로 보은 읍내로 나가세." 우린 툇마루에 앉아 보지도 못하고 되돌아 나와야 했다. "옻순 따 왔으니 빨리 내려오란 기별은 받았는데 나갈 구실이 없어 개집에서 끙끙대고 있던 중이야, 참 잘 왔어. 꼭 필요할 때 와 줬구먼."

우리가 도착한 곳은 보은 읍내 골목 안 김수예란 할머니가 혼자서 운영하는 작은 목로집이었다. 옻순은 난생처음 먹어 본 나물이었다. 들기름인가 참기름인가를 넣고 얼마나 맛있게 무쳤는지 그 맛은 정말 오묘했다. 봄나물의 대표주자인 두릅과는 애초부터 비교가 되지 않았다. 옻순은 옻을 타지 않는 사람은 먹어도 괜찮지만 옻을 타는 사람은 절대로 먹어선 안 되는 음식이다. 옻이 갖고 있는 우루시올(Urushiol)이란 물질에는 생명이 위태로울 정도의 독이 들어있다.

옻순은 카리스마가 넘치는 여성과 일맥상통한다. 은은하고 도도한 미소와 함께 카리스마란 갑옷을 걸치고 있으면 말을 걸기도 힘들어진다. 그러나 갑옷의 치명적 약점은 비어 있는 겨드랑이에 있듯이 지혜의 화살을 잘 찔러 넣기만 하면 다윗의 돌팔매에 무너지는 골리앗 꼴이 되고 만다. 음식에 관한 한 나는 항상 다윗이다.

그날 나는 공우 선생과 마주 앉아 독한 배주 막걸리를 배부르도록 마셨다. 남들이 가까이 하기를 꺼리는 독과 맛을 겸비하고 있는 카리스마의 여인 '미스 우루시올'을 옆에 끼고 앉아 정신이 혼미할 정도로 마시고 또 마셨다.

비로샘의 백이

포옥 안기는 사람이 있다. 밥과 술을 함께 먹거나 차 한 잔을 앞에 두고 이야기를 나눌 때도 시간이 모자라는 그런 사람이 있다. 가르치려 하지 않는 데도 배울 게 있고 무엇을 주지 않았는 데도 많은 것을 받은 것처럼 만나기만 하면 마음이 넉넉해지는 그런 사람이 있다.

그런 사람은 잘생긴 사람도 아니고 돈이 많은 사람도 아니다. 어느 한 분야에 일가를 이뤘으면서도 잘난 체 아는 체 하지 않는다. 말을 할 땐 낮고 조용하게 이야기한다. 타인의 이야기에 귀를 기울이고 어려운 이웃에게 손을 내밀어 일어서게 만든다.

그런 사람은 대체로 술맛 당기는 사람이다. 맛있는 안주가 필요 없다. 어쩌다가 어눌한 말씨로 한마디씩 뱉는 그 말씀이 곧 안주다. 유머와 위트도 풍부하다. 농담도 진담처럼 들리며 진담도 농담처럼 들린다. 이 세상은 진담 같은 농담으로 가득 차 있다. 정치가 그러하고 종교가 그러하고 남녀간의 사랑 또한 그러하다.

나는 살아오면서 스승을 갖지 못했다. 내가 마음을 열지 못했음으로 스승이 앉을 자리가 마련되지 못했다. 스승을 모실 정도의 학문적 기초를 닦아 두지 못한 것은 모두 내 탓이다. 연말 휴가 때 속리산 에밀레박물관을 찾았다가 그곳에서 스승을 만났다.

조자용 선생님. 그는 우리 것에 푹 빠져 있는 민속학자이자 건축학자였다. 별명이 속리산 도깨비라 부를 정도로 호랑이와 도깨비 그리고 삼신사상을 연구하는 하버드 출신의 괴짜였다. 사랑이 눈으로 온다더니 스승은 마음으로 오시는 것 같았다.

그날 밤 선생님을 처음 뵙고 오후 늦게부터 마시기 시작한 술은 늦은 밤까지 이어졌다. 법주사 주차장 부근의 어느 막걸리 집에서 새해 새 아침을 맞았다. 그 집에는 나무바닥 대신 황토가 깔려 있었는데 세배를 드리겠다며 선생님을 맨땅 위에 앉게 하시고 너부죽이 큰절을 올렸다. "그래, 됐어. 우리가 설은 제대로 쇠는 구먼." 선생님은 꽤 흡족해 하셨다.

스승이 되고 제자가 되는 데는 무슨 의식이나 절차가 필요하진 않았다. 밤샘 술을 마신 후 올린 설날 큰절 인사가 선생님과 나를 사제지간으로 묶어 주는 것 같았다. 그 일이 있고 나선 선생님은 나를 구 두목(頭目)이라 불렀고 나는 선생님을 두령(頭領)님이라 불렀다. 선생님이 살아 계실 동안 보내주신 '구 두목에게'란 서신은 오십여 통이 넘었고 때론 사모님(고 김선희 여사)이 쓰신 영문 편지도 여러 통 받았다.

사제의 연이 맺어지고 나서 일 년에 몇 차례씩 에밀레박물관을 오르내렸다. 선생님은 손님들에게 내어놓을 마땅한 술이 없으면 아무도 모르게 길어온 샘물에 양주를 부어 "속리산의 산열매를 따서 빚은 귀한 술이라"며 너스레를 떨기도 했다. 아무리 유능한 소믈리에라도 선생님의 '샘물술'의 칵테일 방법은 알아내지 못할 것이다.

선생님의 능청은 여기서 끝나지 않았다. 손님은 밀어닥치고 안주가 없으면 운전기사에게 안주 장보기 심부름을 보낸 후 먼저 술부터 권한다. 장롱 안에 있는 청자 사발을 꺼내 "옛 고려 사람들이 만든 청자 그릇으로 술을 마시면 맛이 확실히 달라" 하시며 술을 권한다. 손님들은 청자 최면에 걸려 안주가 없다는 생각은 깜빡 잊고 술맛 음미의 늪에 빠지고 만다.

속리산의 하룻밤을 게르(Ger·몽골의 가옥)처럼 생긴 에밀레 박물관의 초가 움막에서 자고 주말 오후에 대구로 내려가겠단 하직 인사를 올렸다.

"벌써 갈려구. 다음에 오면 속리산 비로봉 밑에 있는 샘에 가서 등뼈가 훤히 보이는 백어(白魚)를 잡아 구워 먹자고."

선지식 같은 선생님의 허풍스런 제의에는 제대로 된 맞장구를 쳐야 재미가 나는 법.

"다음에 올 땐 긴 줄 달린 릴낚시를 가져올까요."

"아니야, 괜찮아. 헛간에 그물이 있을 거야."

우린 선문답을 마친 노승과 학승처럼 서로 쳐다보며 빙그레 웃었다.

초원의 시간

'시간은 아름답다'는 생각을 몽골의 초원에서 처음으로 해 보았다. 몽골의 낮 시간은 밤 시간보다 훨씬 길다. 밝음은 어둠보다 화려하다. 밤이 아름답지 않은 것은 아니지만 어둠이 화려해지려면 빛이 가미되어야 찬란해지는 법이다. 무대의 스포트라이트가 이 원리를 따르고 있다.

몽골 초원을 하루 종일 달리면 눈에 보이는 건 푸른 풀밭뿐이다. 하늘에 해가 떠있는 낮 기간 동안 생각으로 매달릴 수 있는 명제는 '시간'밖에 없다. '시간은 실존하고 있는가' '시간이 존재한다면 어떤 방법으로 굴러가고 있는가' '시간은 왜 정지하지 않는가' '시간은 움직이지 않는데 현상과 사건들이 그 앞을 지나가고 있는 것은 아닌가' 면벽 가부좌한 선승이 풀리지 않는 화두에 매달리듯 광활한 풀밭 선방에서 시간에 달라붙어 해답을 구했지만 답은 돌아오지 않았다. 어쭙잖게 얻은 결론이 '시간은 아름답다'는 것이었다.

시간은 흘러가는가. 우주는 가로세로 높이에서 결정되는 공간과 과거에서 미래로 이어지는 시간의 흐름을 기초로 하여 성립된다고 한다. 시간이 순류(順流)를 버리고 과거로 흘러가는 역류현상을 보여줄 수는 없는가. 그럴 가망이 전혀 없다면 시간은 멋도 없고 풍류도 없는 맹물이다.

밭 갈던 소가 다른 이랑으로 한 발을 내딛고 땡땡이를 부릴 때 멋이 창출되는 법이거늘 시간은 어찌하여 사춘기도 없이 멋 한번 부려 보지 못하고 미래를 향한 달리기만 하고 있는가. 허기야 시간의 궤도이탈을 부추기는 것은 정숙한 숙녀에게 바람나기를 충동질하는 심보와 별반 다를 게 없다.

시간과 시각은 어떻게 다른가. 1차원 직선상의 제로 차원의 점 즉 시간의 어느 한 시점이 시각이다. 시각과 시각 사이의 구간이 바로 시간이다. 시각은 정지된 상태이며 시간은 움직이는 상태이다. 그런데 '시간은 돈'이란 말처럼 시간과 돈은 등가교환되기 때문에 그 자체가 가치로 환산되고 있다. 그래서 시간이란 그릇 속에 우리의 삶을 채워 넣지 않으면 아무 쓸모없이 흘러가 버리고 만다.

시간을 돈으로 살 수는 없는가. 있다. 숱하게 많은 직업소개소와 인력시장 등 고용 자체가 시간을 사고파는 매매시장이다. 노동력은 있되 돈이 없는 사람들은 자신이 가진 시간을 팔기 위해 새벽 일터로 나선다. 가난한 이들은 시간을 판 대금으로 쌀과 반찬을 사서 목숨을 이어 나간다. 그들의 시간은 보이지 않는 캘린더에 1월은 20일로, 2월은 14일로 줄어들지만 눈치 채지 못한다. 부자의 달력에는 3월은 40일, 4월은 44일로 채워지지만 그들 또한 시간을 샀던 일을 기억하진 못한다. 시간의 장난이다.

프랑스의 소설가 마르셀 에메가 쓴 『생존시간 카드』란 단편
소설에 이와 비슷한 이야기가 있다. 이 소설은 시간을 거래하
는 얘기로 끝이 난다. 그러나 요즘은 한술 더 뜬다. 스마트폰
이 등장하면서 삼성과 애플은 비싼 값으로 기계를 팔아먹고
소중한 시간까지 공짜로 빼앗아간다. 손가락 끝으로 황금을
날리는 청춘들이 부지기수다.

나는 이번 몽골 여행에서 소중한 경험을 했다. 돈을 주고 산
초원의 시간이 정말 아름답게 느껴진 것이다. 나의 달력에 7월
은 31일로 끝나는 게 아니라 풀밭에서의 감동은 7월 65일쯤으
로 늘어난 듯하다.

몽골에 가보기 전부터 그곳을 동경해 왔다. 유목민들이 양
과 염소를 기르면서 이곳저곳 초지를 옮겨 다니며 짓고 부수
기를 거듭하는 게르에서 자보고 싶었다. 몽골병이 깊어지자
게르 한 채를 구입하여 나의 공간으로 만들 생각도 해보았다.
상상은 하늘 높이 날아가 끝 간 데 없이 치달았다.

어느 하루는 게르의 벽을 펠트(Felt·양털)로 덮고 주거공간
중앙에 멋지게 어울리는 난로까지 설치하기도 했다. 더러 친
구들이 찾아오면 몽골에서 흔한 양 대신에 모이를 쪼고 있는
닭을 잡아 화덕에 얹어 구워 먹을 계획까지 세워 보았다. 게르
밖 응달에 묻어 둔 암팡지게 생긴 술독에서 잘 익은 막걸리를
퍼와 취할 때까지 마시며 '그대 있음에' 감사를 드릴 생각이었
다.

유목민들이 즐겨 연주하는 모린 후르(Morin Huur)와 무기를
놓아두는 호이모르(Khoimor)라는 북쪽 공간에 음악을 들을 수
있는 스피커까지 올려놓을 작정이다. 이 소리통에선 벨기에
출신 케옵스(Kheops) 그룹이 부르는 초원의 슬픔과 외로움을
대변하는 듯한 〈집시의 힘(*Gipsy Power*)〉과 같은 흐느적거리는
음악이 온종일 울려 나왔으면.

이번 여행의 숙소인 게르에는 TV도 시계도 없었다. 그렇지
만 초원의 시간은 항상 내 곁에 머물러 있었다. 시간은 아름다
워라. 시간 속에 숨어 있는 사랑은 더 아름다워라.

검정색 빈방의 그리움

그리움을 가슴에 묻고 사는 사람들은 행복할 것이다. 바야흐로 이 시대는 오로지 동물적 충동만 남았을 뿐 그리움 따위는 고전 소설의 소재 정도로 생각하는 각박함뿐이다.

그래도 그렇지 않다. 그리움이야말로 우리를 존재하게 하는 이유이자 마지막 구원인 것을. 누가 무어라 해도, 세상이 아무리 바뀌었다 해도 그리움은 그리운 정으로 남아 있어야 한다. 누구를 사랑함으로써 일기 시작하는 그 설레는 마음은 인류의 미래가 끝나는 날까지 지속되어야 할 것이다.

일생을 그리움 속에 살다 간 두 사람의 예인을 이야기하려 한다. 한 사람은 조선조 선조 때 기생 매창이며 다른 한 사람은 전라북도 고창에 살았던 동리 신재효다. 나는 부안군청 뒤 상소산 서림공원 기슭에 자리 잡고 있는 매창 시비를 둘러볼 때까지 그녀가 어느 시대에 태어나 무엇을 했던 사람인지 전혀 알지 못했다.

아무 장식 없는 조촐한 시비에는 "이화우(梨花雨) 흩날릴 제 울며 잡고 이별한 임/ 추풍낙엽에 저도 날 생각는지/ 천리에 외로운 꿈만 오락가락하도다"라는 사무치게 그리운 정을 표현한 시 한 수가 적혀 있었다. 예나 지금이나 기생이라 하면 돈만 주면 입술도 주고 젖가슴도 파는 하찮은 계집이라는 게 일반적인 관념이다. 그런데 이 시에서 보듯 "저도 날 생각는지"라는 표현을 미뤄 짐작하면 "나는 수천 수만 날을 임 생각하였네"란 말이 생략되어 있음을 알 수 있다. 나는 이 시를 읽는 순간 이미 매창은 기생이 아니라 가을비 내리는 고적한 밤 소복 단장한 여인이 사모하는 임에게 기나긴 편지를 쓰고 있는 여인상으로 각인되고 말았다.

매창은 조선조 선조 6년(1573) 부안현 아전 이양종의 서녀로 태어났다. 이름은 계화(桂花) 또는 향금(香今)이었고 매창(梅窓)은 호, 자는 천향(天香)이었다. 출신이 서녀로 기생이 되었으나 타고난 미모보다는 시창금(詩唱琴)에 능해 그윽한 인품으로 사람의 마음을 끌었던 그런 여인이었다. 기생이 되고 난 후 찾아오는 많은 문인묵객을 만났겠지만 유독 마음을 붙잡고 놓아 주지 않는 사람이 있었다. 그가 바로 중인 출신인 임진왜란 때 의병장이자 시인인 유희경이었다.

유희경이 부안 근처에 머물 때 매창을 만났던 모양이다. 아마 모든 사랑하는 선남선녀들이 그런 경험을 갖고 있듯 첫눈에 반한 유희경은 이런 시를 매창에게 바친다.

"일찍이 남쪽에 계랑이란 시인이 있었는데/ 시 노래가 한양까지 울렸도다/ 오늘에서야 고은 모습 직접 보니/ 어찌하여 선녀가 지상으로 내려왔는고."

유희경의 타고난 사나이다움과 정중한 매너로 매창을 선녀로 격상시켰으니 도도했던 매창이었지만 "뿅" 하고 안 넘어갈 도리가 없었을 것이다.

매창의 답시가 걸작이다.

"비바람에 울기가 몇 해던가/ 내게는 달랑 거문고 하나/ 이제 외로운 곡조는 타지를 말자/ 죽도록 임과 함께 노래 부르리."

이렇게 만난 인연도 잠시 유희경은 상부의 명에 의해 서울로 떠나고 다시 매창은 고독한 빈방에 홀로 버려지게 된다. 암색 낸 개새끼 곁에 수캐 안 따르는 날 없다더니 이때 소설가 허균이 나타난다. 허균 또한 매창의 매력에 끌려 이곳 부안에 눌러앉아 살 궁리까지 했으며 일설에는 「홍길동전」을 이곳에서 썼다고 전해지기도 한다.

유희경이 놀다 떠난 빈자리에 허균이 들락거리자 부안의 참새 떼들이 조잘대기 시작했다. "매창이 소설을 쓴다는 허모야와 좋아 지낸단다." 대충 이런 소문이 읍내로 퍼져 나가자 매창은 소문이 괴로워 주점의 문을 걸어 잠그고 이런 시를 쓴다.

"부질없는 풍문이 세상에 떠돌아/ 세상의 말들이 시끄러워라/ 공연한 걱정과 원한만 쌓여/ 병 핑계 삼아 문을 닫았소."

한편 서울로 올라간 유희경은 이런 시를 보내온다.

"그대는 파도소리 들리는 집에서 살고/ 내 집은 서울에 있네/ 서로 그리면서도 만나지 못하네/ 애간장은 타는데 오동나무엔 비만 내리네."

심란한 마음을 추스릴 수 없는 겨를에 이런 시를 받았으니 자칫 허균에게로 쏠리던 마음을 다시 곧추 세울 수밖에 없었다. 허트러질 뻔한 마음을 시 한편으로 가다듬고 나니 허균의 집요한 집적거림도 더 이상 유혹은 아니었다. 마침내 허균은 "그 어른이 너를 알고/ 네가 그 분을 아는데/ 백 년을 못 만난들/ 마음이야 변할손가"라는 시 한편을 던져 두고 이곳 부안 땅을 떠나고 만다.

어쨌든 매창은 평생을 그리움 속에서 살다가 외롭게 숨진 비극의 주인공이다. 광해군 2년이었으니 향년 37세. 개성의 황진이와 더불어 조선 기생의 양대 산맥을 이루던 매창도 만년에는 가난과 질병에 시달렸지만 유희경도, 허균도, 그 외에 매창을 탐하던 많은 남정네들도 발길을 끊은 지 오래였다.

"독수공방 외로이 병에 찌든 이 몸/ 굶고 떨며 사십 년 세월 길게도 살았네/ 묻노니 사람살이가 얼마나 되는가/ 어느 날도 울지 않은 적 없네." 이런 시를 남긴 매창의 속사정을 유희경인들 짐작이나 했겠는가.

매창의 진짜 연인은 유희경이 아니라 마지막 사랑은 허균이 아니었을까. 허균과는 몸이 부딪치지 못한 바보 같은 아가페적 사랑만 했다손 치더라도 숨지기 전 마지막 정념이 불타오르는 순간에는 단 하룻밤이라도 인연 맺기를 원했던 허균의 에로스적 사랑을 받아 주지 못한 못난 자신을 원망스러워했을 것이다. 왜냐하면 서울의 본처 품에서 헤어나지 못하고 편지질이나 해대는 유희경에겐 아름다웠던 기억까지도 배신감으로 증폭되었을 것이다. 사랑하는 사람이 떠난 자리는 추억조차 주인을 잃고 헤매기 마련이기에 더욱 그러하다.

생각의 너울 속을 헤집고 다니다 보니 답사 버스는 매창의 무덤 앞에 선다. 붉은 황토가 속살을 드러내고 있는 공동묘지였던 부안읍 봉덕리 속칭 '매창이 등'에 묻혀 있는 무덤은 개발 바람이 불어닥쳐 다른 묘들은 타지로 이장되고 명창 이화중선의 동생 이중선의 묘와 함께 단 2기만 남아 있다. 매창과 이중선을 사랑하는 부안 사람들의 집요한 요청으로 이곳이 예인의 공원으로 조성된다니 그나마 다행이다.

매창이 살았을 땐 그녀의 말마따나 그리움에 떨며 살았지만 그녀가 죽은 지 45년 만에 무덤 앞에 비가 세워졌으며 사후 60여 년이 지나선 부안의 아전들이 시편들을 모아 그녀가 살아생전에 자주 찾았던 개암사에서 시집으로 엮어 주었다. 매창의 시 61편이 남아 있는 것도 보배로운 일이다.

동리 신재효(1812-1884)는 조선조 고종 때 사람이다. 매창과는 240년이란 세월이 서로 격해 있다. 그러나 시공을 초월하여 두 사람을 같은 반열 위에 올려놓는 까닭은 그들은 똑같이 예의 길을 걸었으며 그리운 사람을 그리워할 줄 아는 그리움의 깊이가 사뭇 깊었기 때문에 두 사람을 한 두름으로 묶어 봤을 따름이다.

동리는 타고 난 멋쟁이였다. 그는 오백 석을 하는 중인 신광흡의 1남3녀 중 마흔둥이 막내로 태어났다. 그의 아버지는 관약방을 하여 부를 쌓았다. 그의 아버지가 재력을 앞세워 양반

자녀들이 공부하는 장성의 필암서원으로 신재효를 유학 보냈다. 그러나 중인 신분이 탄로 나는 바람에 학동들에게 몰매를 맞고 쫓겨나고 만다. 필암서원은 거유인 하서(河西) 김인후(金麟厚)를 배향하는 호남 최고의 서당으로 현종3년(1662)에 필암이란 사액을 받은 곳이다. 필암서원은 사액서원으로 한 기에 15명만이 글공부를 할 수 있었다. 당시 양반들 사이에서도 필암서원에 입원하는 자체가 여간 어려운 게 아니었다. 그러니 중인 신분이 탄로 난 신재효는 왕따를 당할 수밖에 없었다.

신재효는 서당 공부를 그만두고 부모 뵐 면목도 없어 백암산 백양사로 공부 장소를 옮기게 된다. 이곳 백양사는 두 계곡이 합친 곳에 세워진 절로 예부터 소리꾼들이 자주 찾던 곳이다. 신재효는 이곳 백양사 계곡에서 어느 고수(鼓手)를 만난 것이 계기가 되어 그의 인생행로가 바뀌게 된다. 중인 신분으로 어렵디 어려운 공부를 하여 과거라는 불확실한 미래에 청춘을 거느니 '소리의 길'에 평생을 바칠 각오를 하게 된다. 신재효는 백양사 생활을 끝내고 남원 순창 임실 전주 등지를 돌며 우리 가락과 우리 소리를 귀로 직접 듣고 몸으로 느낀 후 집으로 돌아오게 된다.

동리는 38세 때 고창군 고창읍 읍내리 고창읍성 바로 코밑에 초가 일자집을 짓고 명창을 불러 모아 노래청을 열었다. 이집에는 한때 50여 명의 노래꾼들이 기숙했다니 규모는 물론이거니와 동리의 소리에 대한 열정이 어느 정도였는지 짐작하고도 남는다. 동리의 마음 한구석에는 양반 서당에서 쫓겨난 기억이 한으로 남아 있었다. 출입문인 동문을 낮게 낮춰 양반 아니라 고관대작이라도 소리를 듣기 위해 이 집을 출입할 땐 절하는 자세로 머리 숙여야 들어올 수 있었다.

동리는 가진 부로 자신만 호의호식하는 졸부는 아니었다. 그는 선친이 물려준 재산을 배로 불려 1천 석 부자가 되어 있었다. 어느 해 이 지방에 흉년이 들자 그는 곳간을 풀어 배고픈 이웃을 도왔다. 그러면서 그는 이웃들의 자존심이 상하지 않도록 아무 쓸모없는 물건이라도 한 가지씩 갖고 오게 하여 떳떳하게 양식을 가져가도록 배려했다고 한다.

동리는 1850년 서른여덟 살 때 그의 풍류와 뜻을 펼칠 지금 고택 자리에 집을 짓는다. 그는 일흔둘로 죽을 때까지 명창들을 불러 모아 소리를 즐겼고 한편으론 문하생을 길렀다. 그는 또 〈춘향가〉 〈심청가〉 〈적벽가〉 〈박타령〉 〈토끼타령〉 〈가루지기타령〉 등 판소리 여섯마당의 가사를 정리했다. 그러나 동리의 내면세계는 항상 밝지 못하고 어두운 우수의 그림자가 따라 다녔다. 우선 뛰어난 지적 깨침이 있었지만 중인 신분이어서 자신의 이상을 펴지 못한 것도 하나의 원인이었다. 게다가 아내를 얻기만 하면 상처하는 가정적 불행이 그를 고독의 심연으로 내몰았을 것이다.

이때 진채선이란 낭자가 제자로 입문했고 재능과 몸이 익어가기 시작하자 두 사람의 인연은 연인 사이로 발전해 갔다. 아마 동리가 사랑을 느끼고 자신의 정열을 오롯이 퍼부은 사람은 채선이가 유일한 것 같다. 호사다마랄까. 두 사람의 사랑놀

211

이에도 훼방꾼이 등장하여 끝내 이들을 갈라놓고 만다.

고종4년에 경복궁 낙성식 축하연이 열렸다. 전국의 명창 명기를 비롯하여 이름난 재주꾼들이 다 모였다. 동리는 눈에 넣어도 아프지 않을 채선을 남장 차림으로 공연 잔치에 내보냈다. 동리는 여색질의 명수인 고종의 아버지 흥선대원군의 음흉한 행보를 미리 염두에 두고 있었기 때문이다. 그 예감은 적중했다. 채선은 그날로 고창 땅으로 돌아오지 못하고 대원군의 애욕의 포로가 되어 버리고 만다.

먼 훗날 대원군도 죽고 궁에서 벗어난 채선이 딱 한 번 고창을 찾아 왔지만 스승이자 연인인 몽매에도 잊지 못하던 동리 선생을 차마 뵙지 못하고 한때나마 정들었던 담 벽을 쓸어 안고 울면서 뒤돌아섰다고 한다. 권력 앞에 희생된 사랑이 얼마나 슬프고 가련한 것인지를 저지른 자는 알기나 하겠는가.

동리는 채선을 떠나보낼 때의 나이가 쉰다섯. 그는 다시는 만날 수 없는 채선을 그리며 "스물네 번 바람 불어 만화방창 봄이 되니 귀경 가서 귀경 가서"라는 〈도리화가〉를 지었으며 북받치는 격정을 〈성조가〉 〈광대가〉 등에 표현하곤 했다.

동리는 채선을 잃은 슬픔을 이렇게 달래기도 했다. 그가 기거하던 방을 온통 검정색으로 도배한 후 그 칠흑 같은 고독의 심연 속에서 떠나고 없는 채선을 끊임없이 그리워하고 그리워하다 생을 마쳤다. 그리움을 가슴에 묻고 사는 사람들은 행복하다고 사람들은 말한다. 정말 그리움이 한으로 남은 매창과 동리도 행복했을까. 다음 생에 그들을 만나면 물어보리라.

벼루 제사

경주 남산 서쪽 기슭 은냇골에 살던 소년이 냇가에서 수달 한 마리를 잡았다. 고기 구경한 지가 오래 되어 맛있게 볶아 먹고 뼈를 마당 어귀에 던져 버렸다. 아침에 일어나 보니 피 몇 방울만 보일 뿐 뼈는 보이지 않았다. 핏자국을 따라가 보니 어제 잡았던 너럭바위 앞이었다. 수달의 뼈는 어린 새끼 다섯 마리를 품에 품고 있었다. 소년은 생명을 경시했던 자신의 행동을 자책하다 출가하여 해통이란 법명의 승려가 되었다. 『삼국유사』에 나오는 이야기다.

수달은 자신이 잡은 물고기를 굴 앞 바위 위에 늘어놓는 습성이 있다. 사람들은 수달의 효심을 한 단계 비약시켜 제사를 지내는 것이라고 생각했다. 제사는 추모와 존경의 마음이 담겨 있어야 한다. 사랑하고 그리워하는 사모의 정이 없는 제사는 지내는 것보다 지내지 않는 것이 좋다. 헛제사 밥은 맛은 있을지 몰라도 마음이 서려 있지 않다. 진심이 빠지면 모든 것이 헛것이다.

청나라 화가 야운(野雲) 주학년은 송나라 난정연(蘭亭硯)을

213

비롯하여 명품 벼루 세 개를 가지고 있었다. 해마다 섣달그믐
날이면 향을 사르고 차를 올리며 제사를 지냈다. 사람들은 그
를 '웃기는 사람'으로 취급했지만 그는 그것이 근본에 보답하
는 길이라 생각하고 괘념치 않았다. 그는 한술 더 떠 벼루에
제사 지내는 모습을 그림으로 그렸다. 〈제연도(祭硯圖)〉가 바
로 그것이다. 야운은 추사의 스승 옹방강의 제자다. 그는 아버
지를 따라 청나라에 들어온 추사와 사귀었으며 귀국 후에도
서로 편지를 주고받으며 자신의 그림을 선물로 주기도 했다.

벼루 이야기가 나왔으니 청나라 괴짜 화가인 금농(金農)을
빠뜨릴 수가 없다. 그가 하는 일은 오로지 벼루를 모으고 먹
을 갈아 그림을 그리는 일뿐이었다. 친구들은 '그림 팔아 모은
돈으로 전답을 사면 부자가 될 것'이라고 권했다. 그러나 그는
아랑곳하지 않고 벼루를 짊어지고 떠돌기만 했다. 그동안 수
집한 벼루가 백두 개에 이르자 백이연전부옹(百二硯田富翁)이
란 호를 지었다. '밭이나 다름없는 백두 개의 벼루를 가진 부
자 영감'이란 뜻이다. 그는 군자를 가까이 하고 소인배를 멀리
하는 도구가 벼루라고 생각했다.

조선의 벼루광인 우봉(又峯) 조희룡이 금농을 바짝 따라붙
는다. 우봉은 추사보다 세 살 아래였지만 그를 스승으로 모신
19세기 조선의 중인문화를 선도한 대표적 화가였다. 금농이
추사와 가깝게 지내자 우봉은 벼루를 사랑하는 금농의 호를
슬쩍 도용하여 자신의 서재 이름을 백이연전전려(百二硯田田
廬)라 짓고 매우 기뻐했다. '백두 개의 벼루가 있는 시골집'에

살고 있으니 무엇 하나 부러울 게 없었다.

추사와 우봉은 가르침과 배움에 있어선 같은 문중 사람이었지만 가는 길은 서로 달랐다. 추사는 중국의 영향을 받아 서권기 문자향(書卷氣 文字香)을 지향했지만 우봉은 수예론(手藝論)을 추구했다. 추사는 '책과 글이 주는 정신이 뼛속으로 스며든 후에 그 기운이 손가락으로 흘러나와 글씨와 그림 속으로 들어가야 한다'고 믿었다. 그러나 우봉은 '그림과 글씨는 손재주가 없으면 평생 갈고 닦아도 경지에 이르지 못한다'는 데 동의하면서 그림 그리는 자체를 즐기는 유희론(遊戲論)을 주장했다.

추사는 '생애 동안에 열 개 벼루에 밑창을 냈고 천 개의 붓을 몽당붓으로 만들었다'는 다소 풍이 섞인 일화가 전해지고 있다. 매화를 즐겨 그렸던 우봉은 난을 칠 때만큼은 반드시 진한시대의 아방궁, 미양궁, 동작대 등에서 나온 오래된 기와 조각으로 만든 벼루에 먹을 갈아 그렸다. 그렇게 해야 예스러움이 손끝을 통해 붓끝에서 피어나 난 잎에까지 전달된다고 믿었다. 예스러움은 바로 그가 추구하는 예술의 원형이자 골격이었다.

좋은 붓 한 자루는 무사의 보검과 같은 것이다. 그것은 미인이 진나라 또는 한나라 거울을 손에 넣는 것과 같은 것이다. 우봉도 이에 비길 만한 진흙을 구워 만든 징니연이란 벼루를 얻고 뛸 듯이 기뻐했다. 벼루의 뒷면에는 '수사고전서지연'이란 글자가 새겨져 있었고 청나라 대학자인 기윤의 서명이 있었다. 사고전서의 편찬을 책임졌던 기윤이 사용했던 벼루였기에 억만금과도 바꿀 수 없는 귀한 것이었다.

이렇듯 벼루 수집벽이 있었던 우봉이었으니 기록에 나타나진 않았지만 벼루에 제사를 지냈던 야운의 뜻에 찬동하여 홀로 징니연에 대한 제사를 지내지 않았을까 하고 짐작해 본다. 모든 수집광들이 다 그렇겠지만 벼루광들은 못 말리는 사람들이다. 조선조 정조 때 학자인 유득공은 친구의 벼루를 훔쳐 달아나 시 한 수를 읊었다.

"벼루를 보고 나는 갖고 싶은데/ 친구는 몹시 곤란하다는 낯빛을 보이네/ 미불(米芾)은 옷소매에 벼루 숨겨 훔친 일 있고/ 소동파는 벼루에 침을 뱉어 가진 일이 있지/ 옛사람도 그러 했거늘 나야 말해 무엇하랴."

나는 야운처럼 물건을 앞에 두고 제사를 지내 본 적은 없다. 우리 집은 기독교 집안이어서 제사를 지내지 않는다. 그러나 존경하는 대학의 은사님 기일에는 생전에 자주 다녔던 단골 생맥주집에서 촛불 한 자루 켜놓고 나 홀로 제사를 지냈다. 그러다 고인의 친구 대여섯 분을 초대하여 만 오 년 되던 해에 탈상제사로 끝을 낸 적이 있다.

또 있다. 내가 근무하던 신문사의 사주 어른이 돌아가신 다음해 상주인 맏아들이 "제사를 같이 지냈으면" 하는 청을 거절할 수가 없어 칠 년간 제사를 함께 지냈다. 난생처음 유건을 쓰고 하얀 광목 두루마기를 입고 향을 피우고 절도 했다. 한번도 제상을 받아 본 적 없이 북망산천에서 굶고 계시는 아버지가 "네 이놈" 하실까봐 맘속으로 양초에 불을 붙여 슬그머니 남의 제상에 올려놓곤 했다. 섣달그믐날 벼루에 제사를 지냈던 야운이 맛이 간 사람이라면 남의 집 제상 위에 촛불을 켜고 엎드려 절하는 나도 맛이 가긴 간 모양이다.

선비의 외로움

점심 먹기 한두 시간 전에 "밥이나 같이 먹자"는 연락이 오면 "선약이 있다"며 거절해 버린다. 점심 약속은 적어도 하루 이틀 전에 해야지 한두 시간 전의 긴급 초청은 '백수건달'이라고 얕보는 처사'임이 분명하다. 그건 분명 자존심 상하는 일이다. 전화 한 통 없이 무료하게 지내 온 지난 며칠간의 외로웠던 일상에 대한 짜증이 "나도 약속 있어"란 말로 폭발해 버린 것이다.

조선조 영조 때 홍애(洪厓) 이기원이란 선비도 비슷한 처지였던 모양이다. 그는 이런 시를 지었다.

"집 근처 시원한 나무그늘이 쏟아져 있어도/ 찾는 이 없어 방석을 높이 매달아 두었네/ 늙고 보니 문밖 나설 일 없어 한가롭네/ 닭들도 심심한지 개를 향해 덤벼들고/ 몰래 기어오는 뱀을 향해 참새가 짹짹거리네/ 이웃 꼬마 녀석도 심심한지/ 찔레꽃 따기 하자며 찾아오네."

한가한 여름 대낮을 묘사한 시 한 편을 읽어 보니 시원한 오이냉국 한 그릇을 마신 듯하다. 이 시를 읽고 또 읽어 보면 느티나무 바람그늘 아래서 한일(閑日)을 즐기는 듯 보이지만 실은 외로움을 하소연하는 촌로의 고독이 사무친다.

'고독을 좋아한다'는 말은 가짜다. '혼자서 즐긴다'는 말도 거짓말이다. 자신이 고상하게 보이기 위한 아부 발언에 불과하다. 진짜로 혼자서 즐기는 이는 독락(獨樂)이란 말을 입 밖에 내지 않는다. 혼자 즐기는 것을 남이 알까 두렵기 때문이다.

조선조 중종 때 사람 회재(晦齋) 이언적은 나이 마흔하나에 순탄했던 벼슬살이를 타의에 의해 접고 낙향한다. 경주 안강 자옥산 밑에 독락당이란 집을 짓고 은거에 들어간다. 그는 이 집을 지을 때 남에게 보여주기 위한 집이 아니라 안분자족한 삶을 살기 위해 호화롭지 않게 지었다. 화려한 팔작지붕 대신 수수한 맞배지붕을 얹고 집의 높이도 낮출 수 있는 한도까지 낮췄다. '감춤이 드러냄보다 상위 개념'이란 걸 실천한 건축물인 셈이다.

회재는 독락이란 말 그대로 혼자서 즐기기로 작정했지만 귀양살이와 다름없는 낙향의 긴 세월이 그리 만만치는 않았다. 그는 독락당 옆 별채인 계정(溪亭)을 산중 암자 같은 느낌이 들도록 양진암(養眞庵)이란 현판을 달았다. 회재는 집 뒤에 있는 정혜사의 스님이 마음대로 이곳을 드나들 수 있도록 그렇게 만든 것이다. 억불숭유시대의 승려는 미천한 신분이었지만 격의 없이 학문을 토론할 만한 상대여서 회재는 정자를 암자로 만들어 스님을 끌어들인 것이다.

독락이란 외로움의 소산이다. 슬플 때 통곡을 하면 슬픔이 잦아들고 외로울 때는 외로움의 끝자락을 붙잡고 끝까지 물고 늘어지면 고독이 물러나는 법이다. 회재는 별채를 암자로 만들었을 뿐 아니라 동쪽 담 옆으로 흘러가는 자계천의 물소리를 귀로 듣는 것만으로 만족하지 못한다. 물소리를 눈으로 보기 위해 담장을 헐고 살창을 달았다.

'가만히 앉아 난향을 듣는다'는 정좌난문향(靜坐蘭聞香)이란 옛말이 있듯이 소리를 눈으로 보는 관음(觀音)의 경지로 올라선 것이다. 얼마나 외로웠으면 계류수가 흘러가는 소리를 집안으로 끌어들여 친구로 삼았을까. 회재가 사랑한 독락의 세계는 바로 자연을 예술로 승화시킨 풍류의 현장인 것이다.

헨리 데이비드 소로는 미국 매사추세츠 콩코드에서 2마일 떨어진 월든 호숫가에서 오두막을 짓고 2년 2개월 2일 동안 혼자 살았다. 하버드 출신인 소로는 홀로 있기를 좋아하여 월든 호수 옆에 살면서 일상을 일기로 적었다. 일기는 '월든'이란 제목으로 출판되어 자연주의 문학의 효시라는 평가를 받게 된다.

"나는 홀로 있기를 좋아한다. 홀로 있는 것만큼 친해지기 쉬운 벗을 아직 발견하지 못했다. 고독은 사람과 사람 사이의 공간의 거리로 측정하는 것은 아니다. 태양은 혼자다. 하나님 역시 홀로 존재한다. 모든 위대한 것들은 혼자다. 내가 외롭지 않은 것은 새집으로 이사 온 거미가 외롭지 않은 것과 같다."

소로는 "외롭지 않다"고 항변하고 있지만 그의 내면에는 고독의 그림자가 밤하늘의 별 부스러기처럼 곳곳에 달라붙어 있었다. "보통 사람들과 마찬가지로 나도 사교를 좋아한다. 나는 타고난 은둔자가 아니다. 볼일 보러 술집에 가는 경우 제일 끈질긴 손님보다 더 오래 눌러앉아 있을 때도 있다. 내 집에는 세 개의 의자가 있다. 하나는 고독을 위하여, 다른 하나는 우정을 위하여, 나머지는 사교를 위한 것이다."

소로는 '혼자서 즐기기를 좋아한다'고 큰소리를 쳤지만 '월든'이란 호수의 모습이 변하기도 전에 보따리를 챙겨 사람 냄새가 나는 도시로 돌아오고 만다. 진실로 고독과 벗하며 살기를 즐겼다면 2년 2개월이 아닌 22년쯤 그곳에 머물렀어야 옳았다. 그도 외로움이 지겨웠던 모양이다. 동양 삼국의 최고 선비인 공자는 '벗이 찾아오니 즐겁지 아니한가'라고 했고, 맹자도 '대중과 함께 즐기는 낙'을 최고로 쳤다.

조선 중기의 문장가인 신흠은 세 가지 즐거움을 이렇게 말했다. "문을 닫고 맘에 드는 책을 읽는 것, 문을 열고 맘 맞는 친구를 맞이하는 것, 문을 나서 맘 맞는 산천 경계를 찾아가는 것." 나는 선비의 말씀에 동의한다. 그중에서도 들메끈 졸라매고 문밖 나서는 것에 기꺼이 한 표를 던지고 싶다.

연엽주와 오리발 안주

연차를 마시러 간 적이 있다. 국밥 한 그릇보다 더 비싼 한정
식을 먹고 나니 격식을 갖춘 찻상이 나왔다. 백자 그릇 속에
백련 한 송이가 갓 시집 온 새악시 같은 모습으로 다소곳하게
앉아 있었다. 희한하게 생긴 쪽대로 따끈하게 김이 나는 물을
연신 연꽃송이 위에 퍼부었다. 그 의식이 어쩌나 근엄하고 엄
숙한지 숨을 쉬는 데 지장을 느낄 정도였다.

　나는 형식을 중요시하지 않는다. 종교의식이나 행사절차가
겉치레에 너무 치우치면 두드러기가 돋아 그 자리에서 오래
버티지 못한다. 내 멋대로 아무렇게나 살아온 관습이 버릇으
로 굳어져 그렇게 되었나 보다. 연차를 우려내는 과정이 바로
그랬다. 기다림이 지루할 정도가 되어서야 접시 속의 연꽃송
이가 앙다문 입을 벌리고 꽃으로 피어나기 시작했다. 마침내
마지막 꽃잎 한 장이 걷혀지자 노란 꽃술이 수줍은 미소를 띠
고 앙증스럽게 물 위에 뜬다. 뜨거운 물로 연차를 우려내는 작
업은 제사장이 신을 부르는 경건한 의식과 같았다. 한마디로
예술이었다.

연에 관한 글을 읽거나 어쩌다 연꽃이 피어 있는 연당을 둘러볼 기회가 있으면 문득 떠오르는 여인이 있다. 한번도 만나본 적이 없는 운(芸)이란 여인이다. 그녀는 중국 청나라 때 심복(沈復)이란 청년의 동갑내기 아내였다. 23년이란 세월을 살다 남편보다 먼저 푸른 하늘로 떠났다. 이름을 알릴 깜냥도 되지 않는 필부로 살아온 여인이었다. 그렇지만 중국의 대문호 임어당은 "운이야말로 중국 역사에서 가장 사랑스럽고 뛰어난 여성"이라고 칭찬한 그런 여성이다.

그들의 부부 사이에 있었던 소박하고 따뜻한 사랑이야기를 남편이 『부생육기(浮生六記)』란 책에 절반 이상을 아내를 그리워하는 사부곡(思婦曲)으로 메웠기 때문에 세상에 알려졌다. 심복과 운은 내외종 사이로 고모의 아들과 외숙부의 딸이었다. 그들은 13세 때 심복의 외갓집에서 만나 연애가 시작되어 18세 때 혼인했다. 당시 청나라의 관습은 여성의 밤나들이가 금지되어 있었다. 사내는 처녀를 남장시켜 태호에서 달밤에 뱃놀이를 즐겼으며 거리를 마음대로 쏘다니기도 했다.

심복은 선비 집안에서 태어나긴 했으나 가난하여 과거를 보러 갈 형편이 안 돼 그냥저냥 지내는 그런 처지였다. 중국인들이 즐겨 마시는 차도 고급 차를 살 수가 없었다. 운은 하급차를 베주머니에 넣어 해질녘 연꽃이 오므라들기 전에 봉오리 속에 넣어 뒀다가 이튿날 해가 뜰 무렵에 빼내 연향을 잔뜩 품은 차를 남편에게 끓여 주었다. 그건 화심(花心)연차가 아니라 사랑연차라 불러야 더 향기로울 것 같다.

운은 시아버지에게 첩을 구해 주려 나섰다가 시어미의 노여움을 사기도 했고 자신의 건강이 나빠져 하혈이 심해지자 남편에게 첩을 구해 주려고 애를 쓰기도 했다. 부부는 빚보증을 잘못 선 탓에 야반도주를 해야 했으며 결국 빈곤과 질병에 시달리다 운은 마흔을 겨우 넘기고 운명했다. 남편 역시 사랑하는 아내를 잃어버린 후 살맛나지 않는 세상에서 오래 버티지를 못하고 운의 뒤를 따라갔다.

연꽃 이야기 중에 럭셔리 풍류 급에 속하는 이런 것도 있다. 다산이 젊은 시절에 서대문 옆 서련지(西蓮池) 연못가에 조각배를 매어 둔 적이 있었다. 연꽃 필 때 들리는 소리를 듣기 위해 명례방(명동)에서 말을 타고 새벽바람을 가르며 달려갔다. 연꽃은 해 돋기 전 이른 새벽에 봉오리를 열기 때문에 서둘러야 겨우 한두 번 꽃잎을 여는 소리를 들을 수 있었다. 조각배를 타고 연못 속으로 들어가 입술을 다물고 있는 연꽃 봉오리 옆에서 무작정 기다렸다. 드디어 들릴 듯 말 듯한 '부욱' 하는 꽃잎이 열리는 순간의 청개화성(聽開花聲)은 풍류의 절정인 '소리가 전해 주는 오르가즘'이었다.

사실 풍류라는 건 별것 아니다. 예쁜 꽃을 보고 즐기며 맛있는 과일을 먹으면서 기뻐하는 것이다. 아름다운 경치로 눈을 호사시키고 귀가 즐거워하는 소리를 듣는 것이다. 그런 가운데 시를 읊고 때론 풍악을 울리며 잘 익은 술을 마시기도 한다. 그러니까 풍류객은 탐미주의자라고 보면 틀림없다. 풍류는 게으른 사람은 즐길 수 없는 영물이다.

다산과 그의 친구들은 연꽃 벙그는 소리를 들으면서 오로지 풍류만 즐겼을까. 그렇지 않았을 것이다. 새벽을 기다려 만난 연꽃의 꽃핌을 보고 인무십일호(人無十日好, 사람의 좋은 일은 열흘을 넘지 못하고) 화무십일홍(花無十日紅, 붉은 꽃의 아름다움도 열흘을 넘지 못한다)이란 옛말을 상기하지 않았을까.

그래서 다산은 "감히 놀고 즐기느라 거칠고 방탕하게 되어서는 안 될 것이다"란 좌우명을 보이지 않는 글씨로 새겨 두고 끊임없이 자신을 채찍질하지 않았을까. 그리고 후학들에게는 신하로서 '보위에 오른 군자가 안전하게 정치를 할 수 있도록' 온갖 방법을 연구했을 것이다.

연꽃은 무언의 교훈으로 많은 것을 가르친다. 송나라 때 선비 주돈이는 "연꽃은 진흙 속에서 났지만 더러움에 물들지 않고 맑은 물결에 씻기어도 요염하지 않으며 속이 비고 밖이 곧으며 덩굴지지 않고 가지도 없다"는 한마디로 뭇사람들에게 경종을 울린 바 있다.

국회의사당 앞 넓은 잔디밭을 갈아엎어 연지를 만들어 조각배 몇 척을 띄워 다산 정신을 가르치면 어떨까 싶다. 그 옆엔 연엽주를 전문으로 파는 목로주점을 열고 오리발 구이를 안주로 내면 금뱃지 달고 어슬렁거리는 친구들이 조금씩 깨우칠라나 모르겠다.

환장할 봄 봄 봄

내 마음속 깊은 곳에 개구리가 산다. 평소에는 울지 않다가 꽃
등불이 켜지기 시작하면 '개골개골' 개구리 소리가 가늘게 들
린다. 제주에서부터 매화 소식이 꽃 지도를 타고 올라오면 동
면에서 눈뜬 개구리는 뒷다리를 힘차게 뻗치며 기지개를 한
다.

　꽃기운은 한곳에 안주하지 못하는 난봉꾼처럼 바람을 타고
계곡을 휘질러 올라간다. 꽃바람은 제 혼자 앓는 봄앓이로 만
족하지 못하고 나무와 풀들에게 바이러스 퍼트리듯 주사 한
방씩을 놓고 달아난다. 봄기운이 잠시 머물렀던 산천은 바람
난 처녀의 달뜬 마음이 되어 각혈하듯 붉은 피를 쏟아 놓는다.
환장할 봄을 보고 환장하지 않는 것들은 환장할 자격이 없는
것들이다.

　봄소식을 전하는 전령사는 한둘이 아니다. 눈 속에서 피는
설중매를 필두로 눈밭에 노란 얼굴을 내미는 복수초, 눈바람
속에 붉은 꽃망울을 터트리는 올동백 등이 봄을 퍼 나르는 일
꾼들이다. 꽃들은 각기 소속 우체국은 틀려도 수신인들이 동

일한 기별 통지문을 들고 산 넘고 개울 건너 봄소식을 전한다. '꽃체부'가 다녀간 날부터 산천에는 함성이 일고 기미년 독립 운동이 번지듯 태극 깃발이 휘날리고 만세소리가 진동한다. 드디어 봄이 온 것이다.

나무와 풀 이른바 식물로 통칭되는 푸른 것들은 껍질이 찢 어지는 아픔을 참으며 새순을 틔워 꽃을 피워 내고 여린 잎새 를 새 혀처럼 밀어낸다. 하나님이 펼쳐 놓으신 봄 식탁 재료들 은 그린 색 바탕에 붉거나 붉음에 못 미친 분홍 색깔의 꽃들이 주류를 이루지만 간간이 백목련처럼 순진한 체하면서 몸을 사 리는 것들도 사이사이에 끼워져 있다. 하나님은 꽃비빔밥을 좋아하시나 보다. 쌀밥 한두 주걱만 산천이란 그릇에 퍼 담은 후 꽃나물을 얹고 끓인 된장 한 숟갈 끼얹으면 최고급 비빔밥 이 될 터이니 말이다.

이렇게 초목들이 봄잔치를 벌이며 난리를 치고 있으면 여태 소리 죽이고 있던 동면 동물들도 가만히 있길 못한다. ₩"이 봐, 여기가 어디라고 설쳐대고 있어. 몇 학번이야, 인간분들이 '동식물'이라고 서열을 정해 줬잖아."

풀꽃들이 조용하다.

"자, 이제부터 우리가 노래를 할 터이니 너희들은 백댄서 역 할이나 제대로 해."

포유류, 양서류, 파충류 등 류씨 집안의 자손들이 목청을 가 다듬고 땅속에서 기어나와 무대 위에 선다. 이때부터 땅 위에 는 소리의 평화가 빛과 비를 내려준 하늘의 영광으로 전해진다.

봄이 오면 가만히 앉아 있질 못한다. 꽃이 불러내기 때문이다. 또래 중에 누군가가 "야야, 놀러 가자" 하고 불러낼 땐 얼굴보다 소리가 먼저 들어오는 법이다. 그러나 꽃이 부르는 소리는 들리지 않아도 나는 들을 수 있다. '꽃은 웃어도 소리가 들리지 않네(花笑聲未聽)'라는 선비 이규보가 여섯 살 때 지었다는 시구가 그렇게 절절할 수가 없다. 그동안 봄을 즐기기 위해 남도 쪽 이름난 꽃동네를 두루 돌아 다녔다. 매화, 동백, 복수초, 산수유, 찔레 등 일일이 거론할 수 없는 살갑게 아름다운 꽃들의 자태가 망막에 가득하다.

스물 즈음에 어머니가 이렇게 말씀하신 적이 있다.

"넌 꽃이 좋으냐, 여자애가 좋으냐."

"그거야, 여자애가 좋지요."

"그래에, 지금은 그렇지만 나중 나이가 들면 꽃이 여자애보다 좋을 때가 있단다."

"그건 그때 가봐야 알겠지요, 뭐."

유난히 사춘기가 길었는지 어쨌는지는 기억 속에서 멀어져 갔지만 여자애 보다 꽃이 더 좋은 적은 별로 없었다.

내 마음 한구석에 개구리가 살고 있다. 그 개구리 소리는 꽃이 피는 봄과 함께 온다. 나는 개구리와 인연이 깊다. 개구리 쪽에서 보면 악연이지만 내 쪽에서 보면 고마운 축복과 같은 것이다. 초등학교 때부터 어머니는 몇 마리 닭을 키웠다. 학년이 올라갈수록 닭의 숫자도 늘어나 먹이를 감당하기에는 힘이 부쳤다. 방아 찧고 난 뒤의 쌀겨와 밀기울로는 양식이 턱없이 모자랐다. 그래서 하학 후엔 개구리를 잡으러 다녔다. 깡통에 철사고리를 끼우면 거지들의 동냥통과 흡사했지만 개의치 않았다.

논둑에 앉아 있는 개구리를 때려잡는 도구는 세 가닥의 물푸레나무로 엮은 도리깨 열이 제격이었다. 눈에 뜨이는 개구리는 휘두르는 도리깨질을 피하지 못했다. 그늘진 뒤란에 돌무지 화덕을 만들어 개구리를 삶으면 노란 기름이 동동 뜨면서 구수한 냄새를 풍겼다. 이걸 사료에 섞어 주면 닭들이 환장하며 설쳐 댔다.

어머니께서 "깃털에 기름이 올랐네"라고 말씀하시는 품으로 보아 "닭을 잘 키우고 있구나"란 칭찬으로 이해해도 될 것 같았다. 숙제는 제대로 안 해도 개구리 사냥은 닭을 키울 동안 계속되었다. 어느 하루는 몸집이 큰 맹꽁이 여러 마리를 잡았다. 그걸 삶아 보니 뒷다리 하얀 살이 톡톡 불거져 먹을 만하게 보였다. 입에 넣고 씹어 보니 구수한 게 제법이었다. 소금종지를 갖고 나와 뒷다리살을 발라 먹어 보니 기가 막힐 만큼 맛이 있었다. 다음 날부터 더 열심히 개구리를 잡았다. 숙제 못했을 때의 선생님 꾸지람은 개구리 뒷다리 맛과 맞바꾸면 쉽게 이겨낼 수 있다는 걸 그때 알았다.

올해도 꽃체부들이 다녀간 꽃그늘에 앉아 개구리 울음소리를 들어야겠다. 개구리 추모제 격인 봄나들이는 내가 부릴 수 있는 환장할 봄날의 최고의 사치다.

달빛 사냥

달빛 유혹을 뿌리치지 못한다. 처음에는 옛 선비들의 시에 나타난 달이 무작정 좋더니만 날이 갈수록 하늘에 덩그렇게 뜬 달이 그렇게 좋을 수가 없다. 요즘은 부스럼처럼 하늘에 달이 돋으면 월월교(月月敎) 신도가 된 것처럼 맘속으로 경배를 드린다. 때로는 함께 노닐어 보려고 달이 빠져 있는 동쪽 금호강을 향해 무작정 걸어 나가기도 한다.

초승달보다는 반달이 좋고 반달보다는 보름달이 좋다. 월하독작(月下獨酌)이란 걸출한 시를 지은 이백의 영향이기도 하고 음력 칠월 보름인 기망날 황강에서 뱃놀이를 즐긴 소동파의 『적벽부』 탓이라 해도 무방하다. 괜히 멋 부리기를 좋아하는 사람들이 "실눈 같은 그믐달이 좋으니" 하고 우겨대지만 만월의 아름다움엔 비길 바가 아니다. 그렇다고 옅은 구름 속에서 숨바꼭질을 하는 기운 반달이나 슬픔이 묻어 있을 것 같은 페르샤 단도의 굽은 칼날 같은 초승달이 아름답지 않은 것은 아니다.

어릴 적부터 밤하늘을 좋아했다. 밤하늘에는 우선 달이 있고 무리지어 흐르는 은하가 있다. 모든 생명이 있는 것들은 움직인다고 했는데 별밭 속의 별들도 흐르다가 지치면 별똥별을 만들어 팔매질을 한다. 얼마나 아름다운가. 알퐁스 도데 선생은 『별』이란 글을 쓰면서 목동과 주인집 소녀의 가슴속에 푸른 별 하나씩을 심어 주었듯이 내 가슴속에도 오래전부터 찬란한 밤하늘이 둥지를 틀고 밤마다 무수한 얘기들을 풀어 놓는다.

외박하고 돌아온 누이의 뿌연 얼굴 같은 낮달은 좋아하지 않는다. 달이라면 그래도 불그스레한 화장기 있는 얼굴에 계수나무 가지로 약간의 우수를 드리워야지 선크림만 잔뜩 쳐바른 그런 모습은 딱 싫다. 몇 년 전인가. 음력 칠월 보름에 맞춰 지리산 종주에 나선 적이 있다. 첫날은 성삼재에서 연하천을 거쳐 벽소령산장에서 짐을 풀었다. 산행의 기쁨을 술 한잔으로 추스렸더니 그 아름다운 기억이 새벽 두 시에 오줌 기운으로 돌아 나왔다.

산장 안에는 화장실이 없다. 밖으로 나왔다. 초저녁에 만나지 못한 서말들이 가마솥 뚜껑보다 더 큰 백중 달이 바로 내머리 위에 떠 있었다. 얼마나 밝고 환하던지 신문의 작은 활자도 안경 없이 읽을 수 있을 정도였다. 감격과 감동이 동시에 밀려왔다. 오! 하나님, 제게 이런 축복을 내려 주시다니요. 능선의 밤공기는 초겨울처럼 쌀쌀했지만 산장 안으로 들어가지 않았다. 오늘밤 달과 함께 즐기지 못하면 평생토록 후회할 것 같아서였다. 달과 나의 거리는 긴 팔을 뻗으면 손끝에 닿을

231

듯이 정말 가까웠다. 이렇게 큰 달이 뿜어내는 아우라의 축복을 내 혼자서 받는 것은 난생처음이다.

또 한번은 진묵대사의 게송 한 줄을 읽고 강화 석모도 보문사로 달려간 적이 있다. 보문사 눈썹바위에 올라 해명산 능선을 따라 전득이 고개로 달려가면 바로 석모도 선착장으로 내려갈 수가 있다. 해질녘 능선길 종주 중에 만날 수 있는 태양이 다비를 마치고 열반에 드는 일몰 장면은 돈 주고도 볼 수 없는 절경이다. 개펄 너머로 번져 가는 짙은 암회색 톤의 바다 풍경은 한두 개의 물감만으로 쓱쓱 문질러 그린 정말 담백한 그림이다. 거기에다 떠오르는 보름달을 마지막 고갯마루에서 볼 수 있다니 이걸 어떻게 표현해야 하나.

대사의 게송은 '달 촛불 구름 병풍에 바다는 술독이 되네'라는 것이었는데 그게 가슴에 불을 질렀다. 이렇게 아름다운 달과 구름과 술의 유혹을 뿌리친다면 어떻게 풍류와 친구할 수 있겠는가. 마음먹고 달려갔으나 마침 하나님은 동네 주막에 나가 계시는지 일몰은커녕 월출조차 보여주지 않았다. 다만 머드팩을 온몸에 뒤집어쓰고 드러누워 있는 무채색의 서해 개펄만 지겹도록 보게 하여 그 기억만 선연할 뿐이다.

달을 볼 때보다 못 볼 때가 더 많은 나의 달빛 사냥은 좀처럼 끝나지 않았다. 그렇지만 기도하듯 달맞이에 나선다. 내가 월월교에 대한 신심이 더 깊어진 까닭일까 아님 내가 맛이 가도 한참 간 것일까. 요즘은 한술 더 떠 붉은 달과 마주 앉아 술잔을 기울이며 풀벌레 소리에 맞춰 춤도 추고 싶어진다. 여치와 배짱이란 놈들은 어미가 작년에 불렀던 그 노래를 배운 적이 없는 데도 음정 박자 하나 틀리지 않고 시원스레 불러 제끼겠지.

지난해에도 칠월 기망에 맞춰 변산의 월명암(月明庵)에 뜨는 달을 보기 위해 2박3일 일정으로 서해 쪽으로 떠났다. 낮 시간을 선유도에서 보내고 돌아오니 암자에서 달을 즐길 시간이 어긋나 버렸다. 밤안개가 깔리기 시작하는 능선길을 한참 올랐는데 행여 급경사 하산길에 미끄럼사고를 당할까봐 땀 바짝 흘리며 올라갔던 산길을 되돌아 내려오고 말았다.

나는 여태 세상에 편들며 살아 왔는데 달은 왜 내 편을 들어주지 않는가. 달이 메르스 같은 전염병에 걸려 위독해지면 어쩌려고 그러는지 모르겠다. '인생은 나에게 술 한잔 사주지 않았다'고 노래한 시인이 있지만 암자의 달은 나에게 술상 펼 기회조차 주지 않았다. 나의 버킷리스트에 적혀 있는 '월명암 달빛 사냥'은 여전히 미완의 소나타로 남아 있다.

멋쟁이 사찰, 내소사

내소사는 멋쟁이 절이다. 멋은 미(美)라는 범주의 정점에 있는 최상위 개념이다. '아름다운 여인'과 '멋있는 여인'을 비교할 때 무게중심은 어느 쪽으로 기울까. 멋 속에는 범접하기 어려운 카리스마가 잠재하고 있어 단순한 아름다움을 능가한다. 그건 바로 순응하면서도 군림할 줄 아는 여성의 내면에서 우러나오는 함성 같은 것이 아닐까.

멋쟁이 여인은 화장을 짙게 하지 않는다. 로션 하나로 밑화장을 때우고 루즈만 살짝 바르면 그것으로 끝이다. 뭔가 허전하면 스카프를 목에 감아 어깨 쪽으로 흘러내리면 그만이다. 소녀들은 여고 졸업과 숙녀 입문이 맞물려 있는 시기에 화장을 시작한다. 이때 송알송알 여드름 돋은 얼굴에 온갖 크림을 발라 보고 눈가에는 아이섀도우와 아이라인 그리고 마스카라까지 칠한다. 귀도 뚫고 쌍꺼풀 수술도 한다.

내소사 대웅전도 이 같은 과정을 겪었으리라. 창건 당시에는 여고생처럼 꽃창살문에 붉고 푸른 색깔을 입혔으며 처마 밑 공포에도 단청을 입혔을 것이다. 비가 오면 소녀들의 얼굴에 먹물이 빰 위로 흘러내리듯 장맛비 속에선 노출된 대웅전 문살들이 눈물깨나 쏟았으리라.

소녀가 여인이 되는 과정에는 숱한 이야기가 쌓이기 마련이다. 첫 데이트, 첫사랑, 임신과 출산, 육아, 권태, 고부간의 갈등, 때론 이별 등등 펼쳐 보면 아련하고 질펀한 것이 어디 한두 가지랴. 사찰도 마찬가지다. 신축 법당이 나이가 들어 고졸미가 흐르기까지는 정말로 많은 이야기들이 켜켜로 쌓인다.

멋있는 여인치고 숨은 이야기 몇 자락 정도는 없을 수가 없다. 불후의 명작이나 명시, 명곡, 명화 들은 모두 멋있는 여인들의 슬픈 이야기다. 그런 여인들의 상대역으로 남성들이 등장한다. 가슴속에 숨은 이야기가 없으면 여인의 몸에서나 얼굴에서 멋이 뿜어 나오지 못한다.

나는 은은하게 멋을 내는 그런 여인을 좋아한다. 사찰도 야한 단청으로 칠갑하지 않고 실핏줄이 드러나 보일 정도의 맨살 배흘림기둥이 처마를 받히고 있는 그런 절집을 사랑한다. 우선 눈에 들어오는 절의 형태와 부속건물들의 배치가 적절한 가운데 처마 끝에 매달려 있는 풍경소리까지 맑게 울리면 그야말로 금상첨화다.

미술사학자 최순우는 이렇게 말했다.

"기둥 높이와 굵기, 사뿐히 고개를 든 지붕 추녀의 곡선과 그 기둥이 주는 조화, 간결하면서도 역학적이며 기능에 충실한 주심포의 아름다움, 이것은 꼭 갖출 것만 갖춘 필요미이며 문창살 하나 문지방 하나에도 나타나 있는 비례의 상쾌함이 이를 데가 없다."

그는 부석사 무량수전의 배흘림기둥을 보고 이렇게 읊었지만 오랜 세월 동안 풍우에 단청이 날아간 대부분의 법당들이 이런 칭송을 받아도 전혀 과하지 않다.

모든 위대한 것들은 탄생 설화를 동반하기 마련이다. 미당이 쓴 「내소사 대웅전 단청」이란 산문시 한 편을 추려 읽어 보자.

"대웅보전을 지어 놓고 마지막으로 단청사를 찾고 있을 때, 한 나그네가 이 단청을 맡아 문고리를 안으로 단단히 걸어 잠그며 말했다. '내가 끝내고 나올 때까지는 누구도 들여다보지 마라.' 어느 방정맞은 중 하나가 그만 못 참아 뚫어진 창구멍 사이로 그 속을 들여다보았다. 이쁜 새 한 마리가 부리에 문 붓으로 제 몸의 물감을 묻혀 곱게 단청해 나가고 있었는데, 사람 기척에 '아앙' 소리치며 떨어져 마룻바닥에 납작 사지를 뻗고 늘어지는 걸 보니, 그건 한 마리 불호랑이었다. 중들은 내 생에나 소생하라고 이 절 이름을 내소사라고 했다."

내소사의 설화는 이것으로 끝나지 않는다. 내소사 법당 안 오른쪽 천장 밑에 장식으로 끼워놓은 목침만한 공포 하나가 빠져 있다. 청민 선사가 절을 중창하면서 유명한 목수를 데려왔으나 그는 3년 동안 나무토막만 깎고 또 깎았다. 장난기 많은 동자스님이 정성 들여 깎아 놓은 것 중의 한 개를 감추어 버렸다. 목수가 숫자를 세어 보니 한 개가 부족했다.

목수는 자신의 신심이 절을 짓기에 합당치 않다고 생각하고 포기하려 했다. 이때 동자승이 나무토막을 내놓지만 부정탄 물건은 쓸 수 없다 하여 결국 한 토막 자리를 비어 두고 법당 짓기를 끝냈다고 한다. 그래서 내소사 법당 안에는 대호 스님이 칠하다 만 빈칸이 허(虛)의 상태로 꽉 차 있고 이 빠진 듯한 빈 공포 자리도 미완으로 가득 채워져 있다.

이번 가을맞이 내소사 여행에서 크게 한수 배웠다. 모든 삼라는 어느 한쪽이 허전하게 비어 있는 미완일 때 가장 멋이 있어 보인다는 사실이다. 맨얼굴의 여인도 그렇고 맨살 대웅전도 그렇고. 오! 부처님. 마하바라밀다심.

험한 세상 다리

"그대 지치고 서러울 때/ 두 눈에 어린 눈물/ 씻어 주리라/ 고
난이 와도 물리치리라/ 외로운 그대 위해/ 험한 세상에 다리
되어/ 그대 지키리/ 험한 세상에 다리 되어/ 그대 지키리."

사이먼 앤 가펑클의 〈험한 세상에 다리 되어(*Bridge Over
Troubled Water*)〉란 노래를 우리말로 번안한 노랫말이다. 이 노
래가 참 좋다. 가사도 좋지만 곡도 단순하면서 당기는 맛이 최
고다.

다리(Bridge)와 다리(Leg)는 우리말로 발음은 같지만 뜻은 다
르다. 오래전 이 노래를 처음 듣는 순간 첫눈에 사랑에 빠지듯
혼자 흥얼거리고 다녔다. 노래와 내가 친해지다 보니 음악 속
의 다리와 내 다리가 서로 친밀한 사이가 되어 동음동의(同音
同意) 현상에 사로잡히고 말았다. 처용의 다리와 역신의 다리
는 분명히 다른 데도 처용의 아내가 구분하지 못하고 동침을
허락한 것과 흡사하다.

나는 중학교 1학년 때 미군 지프에 치여 오른쪽 대퇴부가 부
러졌다. 당시 종합병원은 뼈를 이어 붙일 정형외과적 기술이

모자라 상이군인들을 치료하는 육군병원에서 수술을 받았다. 시골아낙네인 어머니가 어떻게 줄을 달아 군인이 아닌 열세 살짜리 소년을 그곳으로 밀어넣었는지 그 은혜를 생각하면 지금도 가슴이 먹먹하다. 부러진 다리에 장석을 걸어 여섯 개의 나사못을 박아 뼈를 고정시켰다.

3개월 동안 병원 신세를 지느라 후학기 수업은 받지 못하고 목발을 짚고 2학년으로 올라갔다. 다른 과목은 그런대로 견딜 수 있어도 기초를 배우지 못한 수학은 지금도 까막눈이다. 영어를 모르는 어머니는 통역관이 시키는 대로 도장을 찍어 준 것이 화근이 되어 치료비 한 푼 받지 못하고 논 세 마지기를 팔아 내 다리 밑에 넣었다. 아프고 괴로울 때 우방국의 미국 병정들은 험한 세상의 다리가 되기는커녕 치료비도 주지 않고 달아나 버렸다.

그래도 나는 행운아다. 뼈에 나사못을 박아 겨우 수리한 다리를 끌고 높고 깊은 산을 많이도 오르내렸다. 초등학교 4학년 때 버킷리스트로 정한 백두산 오르기를 오십 년 후에 서파 코스 종주로 실천했다. 또 고3 때 정비석의 『산정무한』을 읽고 무한 감동을 느낀 금강산을 세 번이나 다녀왔다. 특히 내금강으로 들어가 한국전쟁 때 불타 버린 장안사터를 둘러본 감회는 너무나 선연하고 서늘하다. 절름발이가 될 운명에서 건져준 어머니 덕이다. 어머니를 업고 동네 한 바퀴를 돌고 싶어도 당신은 가고 없다. 나는 어머니가 그립다.

아프간 전투에서 두 다리를 잃은 병사인 타일러 제프리스도

행운아다. 그는 미국 대통령 부자(父子)인 부시 가(家)의 여름 별장에 초대받았다. 아버지 부시가 서문을 쓴 『부상 장병과 강인한 어머니들』이란 책에 소개된 인연 때문이었다. 제프리스는 아버지 부시와 대화를 하다 "만난 지 3개월 된 여자 친구가 있는데 그녀에게 청혼할 예정"이라 말했다.

옆에 있던 아들 부시가 "그 친구를 이 자리에 불러 지금 바로 청혼하는 것이 어떻겠느냐"고 제안했다. 그는 여자 친구인 로런 릴리에게 전화를 걸었다. 두 부자 대통령은 진심으로 그녀를 환대했다. 제프리스는 의족 무릎을 꿇고 반지를 내밀며 "나와 결혼해 줄래"라고 떨리는 목소리로 말했다. 릴리는 주저하는 기색 없이 "예스, 오! 예스"라고 소리쳤다. 두 부자 대통령은 험한 세상의 다리가 되어 시련을 이겨낸 두 연인을 지켜 주었다.

경기도 파주 비무장지대에서 북한군이 매설한 목함지뢰의 폭발로 두 명의 병사가 큰 사고를 당했다. 이들은 수색작전을 수행하던 중 지뢰가 터져 앞섰던 병사가 두 다리를 잃고 쓰러졌다. 뒤따르던 병사는 부상당한 친구를 들쳐업고 후송하는 과정에서 또 다시 지뢰가 터져 한쪽 발목 아래를 잃는 부상을 당했다.

이들은 상처가 아물고 재활치료가 끝나 군생활을 계속하고 있으니 이런 장한 일이 어디 있는가. 군에 가지 않은 대통령과 국회의원, 방아쇠 당길 손가락을 잘라 군복무를 피해 간 도지사, 불에 탄 보온병을 포탄 껍데기로 알고 있던 병역기피 정치인은 손에 가슴을 얹고 비열했던 자신을 돌아볼 일이다.

오죽했으면 "내가 그의 이름을 불러 주기 전에는/ 그는 다만/ 하나의 보온병에 지나지 않았다/ 너에게 묻는다/ 타버린 보온병 함부로 포탄 만들지 마라/ 너는 누구에게 한번이라도 따스한 다방커피였느냐"라는 김춘수와 안도현의 시를 패러디한 것이 인터넷에 우스갯거리로 돌아다니고 있다. LG그룹은 다리를 잃은 두 병사에게 위로금 각 5억 원씩을 전달했다니 험한 세상에 다리 역할을 톡톡히 한 셈이다.

인간은 두 다리를 갖고 태어난다. 구부려 무릎을 꿇을 줄 아는 다리가 있는가 하면 무릎을 땅에 박을 줄 모르는 다리가 있다. 독일 브란트 총리는 바르샤바 유대인 희생자 추모비 앞에서 빗물 고인 땅바닥에 무릎을 꿇고 전쟁범죄에 대한 '참회의 사죄'를 구했다. "무릎을 꿇은 것은 한 사람이었지만 일어선 것은 독일 전체였다"는 찬사가 쏟아졌다.

또 있다. 하토야마 전 일본 총리는 서대문형무소를 찾아 순국선열 추모비 앞에서 사죄했다. 팔월 염천 뙤약볕 아래 검은 넥타이 정장차림에 신발을 벗고 무릎을 꿇은 모습은 감동이었다. "이곳에 갇혀 고문당하고 숨진 분들께 진심으로 사죄한다."

종군위안부, 독도, 역사 왜곡에 대해 궤변만 늘어놓는 아베 총리는 멀쩡한 두 다리가 있어도 무릎을 꿇지 못한다. '험한 세상에 다리 되기'를 포기한 다리를 우리는 다리라고 부르지 않는다.

장안사지 삼층석탑

절터에 절이 서 있지 않으면 황량하고 쓸쓸하다. 정말 아무것도 남아 있지 않고 잡초만 무성하다면 쉽게 돌아설 수 있다. 그러나 절은 화재와 전쟁의 포화 등 인고의 세월을 이겨내지 못하고 사라지더라도 그 흔적을 남긴다. 그 흔적은 불에 타지 않고 쉽게 삭지 않는 석탑이 대표적이다.

절이 떠난 빈터를 폐사지(廢寺址)라 부른다. 그래서 통상 절의 이름을 따 '무슨 사지'라고 흔히 말한다. 그 사지라는 낱말 속에는 슬픔과 아픔이 묻어 있다. 심심한 날 홀로 폐사지에 가면 사랑했던 이를 떠나보낸 마지막 장소를 찾아간 듯한 착각에 사로잡힌다. 사람이나 절이나 사라지고 나면 사무치게 그립고 아쉽고 절절한 법이다. 그건 쓸쓸한 낭만이며 회색빛 로망이다.

사랑이 떠나고 나면 마음에 문신이 새겨지지만 절이 없어진 자리에는 왜 석탑이 지표의 표석으로 남는가. 추억 속의 흔적들이 말끔하게 사라지고 말짱하게 비워지면 쉽게 잊어버릴 수 있다. 그래야 상처에 새살이 돋듯 다음 행보를 예비할 수 있을

242

텐데 무엇이 모자라 이렇게 질기게 끌어안고 놓아 주지 않는가. 폐사지에서 느끼는 쓸쓸한 감정은 가버린 연인에게서 느끼는 애매모호한 느낌처럼 가슴 한구석의 찌꺼기로 오래오래 남는다.

문화유산답사를 다니면서 웬만한 폐사지는 두루 다녀 보았다. 경주 황룡사지, 감포 감은사지, 부여 정림사지, 익산 미륵사지, 보령 성주사지, 산청 단속사지, 강릉 신복사지 등은 하나같이 석탑 아니면 하다못해 주춧돌 하나라도 흔적으로 남겨두고 있었다. 그래서 빈 절터에서 느끼는 공허한 감정은 장소만 다를 뿐 거의 비슷했다.

여러 폐사지 중에서 좀처럼 잊히지 않는 곳이 하나 있다. 그곳은 이북 내금강 속의 장안사터이다. 내금강 코스를 가기 전에도 봄가을 두 차례나 외금강 코스를 다녀온 적이 있었다. 그러나 정비석의 『산정무한』에 나오는 장안사터를 꼭 한번 가보고 싶었다. 마침 기회가 왔다. 온정각에서 버스로 한 시간 넘게 달려야 도달할 수 있는 내금강 코스(장안사지–표훈사–보덕암–묘길상)와 삼일포와 해금강을 둘러보는 코스를 북한에서 어렵게 문을 연 것이다.

예정된 코스를 돌아보고 내려오는 길에 장안사터 앞에 버스가 섰다. 예상대로 법당과 요사채 등은 한국전쟁 때 폭격으로 몽땅 날아가고 구석에 자그마한 삼층석탑이 빈 절터를 지키고 있었다. 절 마당에 깔린 찔레 가시덤불을 밟고 탑이 있는 곳으로 다가가니 화강암 피부에는 이끼가 피어 있었다. 문득 손끝으로 전해 오는 석탑의 촉감에서 눈물로 번질 뻔한 외로움 같은 것이 내 가슴으로 전이되어 왔다.

갑자기 고등학교 국어 교과서에 실렸던 『산정무한』의 글귀가 나도 모르게 읊조려졌다. 시험에 자주 나와 외울 수밖에 없었던 그 대목이 이렇게 장안사터에서 되새길 줄이야.

"태자의 몸으로 마의(麻衣)를 걸치고 스스로 험산에 들어온 것은, 천년사직을 망쳐 버린 비통을 한몸에 짊어지려는 고행이었으리라. 울며 소맷귀 부여잡는 낙랑공주의 섬섬옥수를 뿌리치고 돌아서 입산할 때에, 대장부의 흉리(胸裡)가 어떠했을까? 흥망이 재천이라. 천운을 슬퍼한들 무엇하랴만, 사람에게는 스스로 신의가 있으니, 태자가 고행으로 창맹(蒼氓)에게 베푸신 도타운 자혜가 천년 후에 따습다. 천년 사직이 남가일몽이었고, 태자 가신 지 또다시 천년이 지났으니, 유구한 영겁으로 보면 천년도 수유(須臾)턴가! 고작 칠십 생애에 희로애락을 싣고 각축(角逐)하다가 한 움큼 부토로 돌아가는 것이 인생이라 생각하니, 의지 없는 나그네의 마음은 암연히 수수(愁愁)롭다."

하버드대 종교철학자 폴 틸리히 교수는 외로움의 종류를 이렇게 구분 지은 적이 있다.

"혼자 있는 즐거움은 솔리튜드(Solitude)이며, 혼자 있는 고통은 론리니스(Loneliness)다."

그러면 장안사 삼층석탑이 안고 있는 외로움은 고통일까 즐거움일까. 해답이 떠오르지 않아 '버스가 떠난다'는 호각소리가 들릴 때까지 탑 옆을 서성이고 있었다.

키 작은 꼬마처럼 생긴 석탑이 돌아서는 내 귀를 잡고 이렇게 말했다. "어떤 아픔은 쾌락이고, 어떤 고통은 통증인 것쯤은 알지." 어라, 석탑이 선문답(禪問答)을 하네. 그때 갑자기 "사랑하는 이에게 순결을 바칠 때의 통증과 강간당할 때의 통증은 근본적으로 다르다"는 미국의 작가 멜러니 선스트럼이 『통증연대기』에서 한 말이 생각났다.

아하. 깨우침은 이렇게 한순간에 오는 구나. 이끼긴 삼층석탑 큰스님에게서 한 자락 깨달음을 얻고 나니 나눠 주는 도시락을 먹지 않았는 데도 배가 고프지 않았다. 오 론리니스!

소나무 혼례식

어머니는 전주 이(李)씨다. 어머니의 뿌리가 조선조 왕실가문에 닿아 있는 것을 은근하게 자랑스러워하셨다. 어릴 적 역사책을 읽고 있으면 어머니는 "태조 이성계도 너의 먼 외할아버지란다"라고 말씀하시곤 혼자 웃으셨다. 따지고 보면 맞는 말 같지만 사실은 가당치도 않는 말씀이었다.

오늘은 강원도 삼척 미로면 활기리에 있는 준경묘 답사를 간다. 준경묘란 이성계의 5대조인 양무 장군의 묘소이다. 뿌리 찾기의 일환으로 준경묘에 가는 것은 아니다. 이 묘소는 나무 중의 나무인 금강소나무(황장목) 숲에 둘러싸여 있는 보기 드문 명당이다. 이곳 소나무 중에서도 미송(美松)대회에서 우승한 '미스 코리아 파인트리 진'의 모습을 보고 싶었기 때문이다.

인간 세상에선 남자든 여자든 잘나고 예쁘면 그냥 놔두지 않는다. 어떤 수를 써서라도 넘어뜨리고 본다. 나무 세계에서도 마찬가지인 모양이다. 산림과학원이 한국의 대표 소나무격인 충북 보은의 정이품송이 날로 쇠잔해 가자 혈통 보존을

246

위해 이곳 준경묘의 미인송과 교접시키기로 결정했다.

꽃가루가 날리는 철에 적당한 날을 받아 수술의 화분을 암술에 묻혀 주면 그만인 것을 '소나무 혼례식'이라며 거창하게 떠벌였다. 2001년 5월 8일 신순우 산림청장이 이 혼례식의 주례를 맡아 한국 기네스북에 오른 희귀찬란한 행사를 주관했다.

김종철 보은군수는 신랑 역을 맡은 이상훈 군(삼산초등 6년)을 앞세워 미인송이 서 있는 곳에 입장했다. 이어 김일동 삼척시장은 신부 역을 맡은 노신영 양(삼척초등 6년)과 함께 혼주석으로 들어섰다. 이렇게 하여 세계 최초의 소나무 전통혼례식은 수많은 하객과 사진기자들의 카메라가 지켜보는 가운데 성공적으로 진행됐다.

혼례식에 이어 바로 합방의 예가 치러졌다. 삼척에서 나무 잘 타기로 소문난 청년이 정이품송에서 채취한 화분을 허리춤에 차고 맨손으로 32미터 높이의 미인송 꼭대기로 단숨에 기어 올라갔다. 붓으로 수술 화분을 찍어 미인송의 암술에 묻히는 작업을 한 후 주변나무의 꽃가루가 넘보지 못하도록 비닐 포장지를 씌웠다.

이듬해 혼례식을 통해 교접에 성공한 솔씨들이 2백여 그루의 애기소나무로 태어나 모두 산림과학원 묘포장으로 옮겨졌다. 그런데, 그런데 말이다. 유전자 검사를 해 보니 애기소나무의 약 95퍼센트는 아버지가 정이품송이었지만 나머지 5퍼센트는 아니었다. 비닐 포장지로 그렇게 꽁꽁 싸맸는 데도 불구하고 옆집 아저씨가 아버지의 자리를 버젓이 차지하고 있더란다.

그러니까 미인송 입장에서 보면 혼외 아들을 출산한 셈이며 정이품송이 볼 땐 아내의 불륜을 확인한 셈이어서 간통으로 고소라도 해야 할 판이다. 검찰총장의 혼외 아들 시비로 나라 전체가 한동안 시끄러웠는데 소나무 세계에도 별반 다를 게 없나 보다. 인간세상에선 허리하학 즉 아랫도리 소행이 항상 신문에 읽을거리를 제공하고 황장목 세상에선 꽃술이 있는 윗도리에서 저질러진 행실이 말썽인 모양이다.

정이품송에 얽힌 사연은 또 있다. 정이품송은 보은군 서원리에 있는 서원리 소나무와 사실혼 관계에 있었다. 서원리 소나무는 서방인 정이품송이 삼척의 미인송과 법률혼을 치르기 전부터 정이품 벼슬아치와 혼인을 했다 하여 정부인 소나무란 칭호를 갖고 있었다. 산림청과 보은 삼척 공무원들의 밀약으로 소나무의 혼례가 성사되자 서원리 주민들이 들고 일어난 것이다.

"두 눈 시퍼렇게 뜨고 있는 정부인 소나무를 두고 다른 소나무랑 혼례를 하여 자식까지 두었으니 이게 될 말인가."

그래서 1년 뒤인 2002년 뒤늦은 혼례식과 아울러 합방례가 치러졌다. 정이품송은 얼떨결에 두 부인을 거느리게 되었지만 모르긴 해도 스트레스를 많이 받아 피곤했을 것이다.

사람이나 나무나 부인 둘을 거느리기가 그리 쉬운 일은 아닌 듯하다. 날로 노쇠해 가고 있는 육체에서 꽃가루 정액을 겨우 겨우 털어내 미인송에 뿌려 주고, 정부인 송에 묻혀 주어야 하는 고달픔을 인간들은 모를 것이다. 난봉기 많은 남정네 가정의 속사정을 들여다보면 능히 알 수 있다. 검찰총장네와 신정아 사건으로 떠들썩했던 청와대 비서관 댁의 사정이 정이품송이 겪고 있을 아픔과 무엇이 다르랴.

정이품송의 수난은 조선조 세조 행차 때부터 시작됐다. 임금이 탄 가마가 지나갈 때 마침 회오리바람이 불어 나뭇가지가 들린 것을 두고 신하들이 호들갑을 떨어댔다. 단종을 죽이고 등극한 세조가 소나무에 정이품이란 벼슬을 내린 것과 소나무끼리 합방례를 치른 것까지도 사실은 '망가(만화를 비하한 말)' 수준이다. 사람들은 아름다운 산천을 희화화시켜 그걸 들여다보고 좋아라 웃고 있다.

역(逆)에 관한 명상

'역(逆)'에 대해 생각해 본다. 우선 머릿속에 떠오르는 것이 도로에서의 역주행과 KTX 열차의 역방향이다. 어느 날 텔레비전에 승용차 한 대가 역방향으로 달리는 고속도로의 화면이 실시간으로 비쳐졌다. 사무실에서 무심코 화면을 보던 아들이 차가 달리는 방향 쪽으로 '볼일을 보러 가신다'는 아버지가 생각나 전화를 걸었다.

"아버지가 가시는 고속도로에 역주행으로 달리는 차가 있으니 조심해서 운전하세요."

"야야, 나 빼곤 모두가 역주행으로 달리고 있으니 이게 어떻게 된 거야."

전화가 끊기기도 전에 '꽈당' 하는 소리가 들렸다.

KTX 열차가 프랑스에서 도입될 때 수입을 맡은 공직자가 TV에 나와 이렇게 말했다.

"선진국에도 역방향 좌석을 같은 가격에 이용하고 있으며 건강에도 아무 문제가 없습니다."

그러나 대부분의 국민들은 그 말 같잖은 말을 믿지 않았으며 한 결같이 역방향을 기피하고 있다. 그래서 철도공사에서도 역방향 좌석의 값을 내렸다. 역방향 열차를 수입할 때 무식해서 그랬다곤 보기 어렵고 아마 말 못할 속사정이 있었겠지.

역린(逆鱗)이란 낱말이 있다. 거꾸로 붙어 있는 비늘이란 뜻이다. 임금의 진노, 상관의 노여움을 비꼬는 말이다. 원래 용이란 짐승은 잘 친하기만 하면 올라탈 수도 있지만 목 아래 붙어 있는 역린을 만졌다간 살아남기가 어렵다. 임금 또한 역린만 건드리지 않고 살살 아부만 잘하면 모든 걸 얻을 수 있지만 코털을 잘못 쑤셨다가는 "여봐라, 이놈의 목을 베어라"는 엄명이 떨어진다.

이런 모든 것들은 순리(順理)를 거역한 데서 빚어진 당연한 결과다. 그래서 『명심보감』에도 '순천자(順天者)는 존(存)하고 역천자(逆天者)는 망(亡)이니라'고 했다. 그러나 세상을 살아보면 순존역망(順存逆亡)이란 등식이 반드시 성립되는 것 같지는 않다.

서부영화에서는 총을 조금 늦게 빼도 서부는 살아남고 재빨리 뺀 악당은 엔리오 모리꼬네 음악이 회오리바람처럼 스쳐가는 황량한 거리에서 죽임을 당하고 만다. 그러나 우리네 세상은 남의 배를 어뢰로 두 동강내도, 민초들이 저축은행에 저축한 돈을 통째로 삼켜도, 국회의원들이 제멋대로 세비를 올려도, 시민단체가 기업으로부터 백억 대의 기부금을 받아 어디에 썼는지 밝히지 않아도, 공직자들이 일은 하지 않고 룸살롱에서 비싼 술 마시고 성접대를 받아도 두루뭉술하게 넘어간다. 권선징악은 서부시대의 전설이다.

나도 순리를 그르치고 역주행을 하다 혼이 난 적이 있다. 한국탐험협회 대원 10명이 스쿠버 장비를 들고 남해 욕지도 옆 우도에 들어가 2박3일의 일정을 마치고 통영으로 나올 때 일이다. 우린 12개의 공기통과 날선 작살을 갖고 물속으로 들어 갔지만 생선회가 될 만한 고기는 한 마리도 잡지 못했다. 평소에 큰 돔들의 놀이터로 소문난 구멍바위 쪽으로까지 들어갔지만 고기들은 근해의 수온이 너무 높아 바다 안쪽으로 피신한 뒤였다.

우도에 머무는 사흘 동안 생선다운 생선은 맛도 보질 못했다. 숙소로 빌린 우도초등학교 운동장에서 밤하늘의 휘영청 달을 안주로 "달을 한꺼번에 너무 많이 베먹지 마"라는 농담을 던져 가며 별빛을 탄 투명한 소주만 죽여 냈다. 인근 주민들은 우리가 싣고 간 공기통의 숫자와 소주 박스를 보고 놀라더니 나올 땐 빈병 무더기를 보고 다시 놀랐다.

대원들이 생선회 맛 좀 봤으면 하는 염원이 화두로 변할 때쯤이었다. 연화도 근처에서 인근 섬을 돌아다니며 낚시로 잡은 광어를 수거해 가는 배를 만났다. 마침 배주인은 여자였다. 우린 그간의 사정을 아주 곡진히 설명하자 "스쿠버 다이버들 체면 구겼네요. 작은 것 두어 마리면 되겠네요" 하면서 고기를 꺼내 준다. 작다는 광어가 방석만 했다. 그래도 배 주인은 육지사람 대접한다며 4만 원밖에 받지 않았다.

의논 끝에 칼잡이로 내가 뽑혔다. 칼질을 할 알맞은 자리가 배가 달리는 역방향이었다. 평소에 멀미가 심하지 않은 편이어서 거꾸로 앉아 포를 뜨고 회를 쳤다. 칠월의 태양 아래 엇썰어 놓은 광어회는 비취처럼 은은하면서도 찬란한 빛을 내뿜고 있었다. 대원들의 젓가락이 회를 담아둔 코펠 뚜껑 위에서 칼싸움을 벌이고 있었지만 나는 한 점도 먹을 수가 없었다. 순리를 그르친 역방향의 부작용이 심한 멀미를 일으킨 것이다. 안타깝고 분통이 터졌지만 어쩔 도리가 없었다.

가역(可逆)반응이란 것이 있다. 화학반응 때 정반응과 역반응은 동시에 일어난다. 에틸과 물이 생기는 실험에서는 정반응은 왼쪽에서 오른쪽으로 진행되고, 역반응은 오른쪽에서 왼쪽으로 진행된다. 두 반응이 균형을 잡아 주어 물질의 양이 변화하지 않고 반응이 중지되어 있는 것처럼 보이는 것을 화학평형이라고 한다. 그걸 국가와 사회에 대입하면 안정과 평화다. 그래서 모든 반응은 가역반응이라 할 수 있다.

지금 우리 사회는 밸런스를 잃어버렸다. 가역반응 자체가 사라진 느낌이다. 촛불집회가 그렇고 결사항전을 외치는 화염병 시위가 그렇다. 오른쪽으로 돌 놈은 오른쪽으로 돌고, 왼쪽으로 돌 놈은 왼쪽으로 돌아 평형을 유지해야 하는데 고함을 크게 지르는 왼쪽의 역반응 팀들이 실험실의 프레스코와 비커를 깰 정도로 난리를 치고 있다. 나라가 위태롭다는 말이다.

아이들 체벌문제도 별반 다를 게 없다. 체벌에도 순기능과 역기능이 상존한다. 그것은 조장과 억제로 바꿔 말할 수 있다. 가정교육에서도 매 맞고 큰 아이들은 크게 나쁜 짓을 하지 않지만 어릴 적부터 버릇없이 자란 놈들은 '깨진 유리창 이론'처럼 사회의 골칫거리가 되는 경우가 아주 많다.

역기능이 도를 넘을 때의 폐해를 짐작 못하는 이들에게 감히 권하고 싶다. 열차를 탈 땐 역방향 좌석에도 앉아 보고 나처럼 달리는 뱃전에서 거꾸로 앉아 생선회라도 한번 쳐보면 '순천자 존 역천자 망'이란 『명심보감』의 가르침에 대한 깨달음을 얻을 수 있을 것이다. 그게 싫다면 고속도로에서 신나게 역주행이나 한번 해본 후 그때 느끼시든지.

그리운 사랑이 돌아와 있으리라

'그리운 사랑이 돌아와 있으리라'던 시인은 가고 없다.

"붉은 양귀비꽃 사이로 난 길을 천리쯤 내려가면/ 길도 없는 모래벌만 또 천리가 있느니라./ 길도 없는 모래벌로 또 천리를 가면/ 늪 속의 뻘밭의 수렁길이 있느니라./ 그 수렁길 걸어 내려가면/ 이윽고 어두운 땅 끝이 나서고/ 천지에 연꽃 가득 핀 그리운 세상이 있느니라."(권국명의 시 「그리운 사랑이…」 중에서)

이제 그를 만나려면 천리 길을 세 번씩, 삼천리를 걷고 걸어 다시 수렁길로 내려가야 비로소 연꽃 가득 핀 그리운 세상에 앉아 있는 그를 만날 수 있으리라. 그를 만난다 한들 '연꽃으로 한 천년쯤 피 흘리고 있을' 그를 만난다 한들 그가 나를 알아보기나 할까. 그는 너무 먼 곳에 있다. 시인은 서둘러 그 길을 가려고, 그리운 사랑이 돌아와 있을 그곳에 가려고 그렇게 재바른 총총걸음으로 먼 길을 떠난 것이구나.

시인과 나는 고교 동기동창으로 나이도 같고 큰 키도 어슷비슷하다. 그의 성은 권(權)씨, 본명은 국명(國明)이지만 나라

를 밝게 하는 일에는 관심이 없어 국화의 소박한 생명인 국명
(菊命)을 필명으로 삼은 듯하다. 그를 생각할 때마다 조선 중
기 학자인 이규보의 시조 한 수가 생각난다.

"국화야 너는 어이 삼월 춘풍 다 지나고 낙목한천에 네 홀로
피었나니 아마도 오상고절은 너뿐인가 하노라."

이 시조는 시인의 품성을 정곡으로 찔러 표현한 것으로 두
고두고 읽어도 그렇게 딱 들어맞을 수가 없다.

국화는 봄, 여름 꽃들이 함성을 질러가며 꽃을 피우는 좋은
시절 다 흘려보내고 냉기가 도는 가을에 피는 외로운 꽃이다.
시인도 국화를 닮았다. 그도 외로운 사람이다. 시인의 주변에
는 몇몇 문인들이 친구로 있었으나 손가락으로 헤아릴 정도였
다. 그리고 경북대 국문과 동기들과 어울리기도 했으나 그 역
시 숫자는 미미했고 만남의 회수도 그리 빈번하지 않았다. 그
래서 그는 낙목한천에 홀로 서 있는 한 떨기 국화일 수밖에 없
었다.

그의 성품을 '오상고절'이라 표현하면 말이 될는지 모르겠
다. 어쨌든 그는 바깥세상의 폭은 줄일 수 있는 데까지 줄이는
반면 정신이 깃들어 있는 내면세계로는 스스로 침잠해 들어
가며 사유의 폭을 키워 갔다. 서릿발 같은 추위 속에서도 홀로
꼿꼿하게 자신을 지키는 국화처럼 시인도 다른 곳에는 눈길
한 번 주지 않고 자신만의 시 세계만 넓혀 갔다.

시인은 생각의 깊이에서 두레박으로 건져올린 맑은 샘물
을 아름다운 시어(詩語)로 풀어냈다. 그가 절창으로 뿜어 올린

「무명고(無明考)」 등 일련의 시들로 인해 약관에 매일신문 신춘문예(1964년)와 현대문학지의 추천을 받아 화려하게 등단했다. 그의 이른 문단 데뷔는 동시대 문청(文靑)들에겐 선망의 대상이었으며 그를 가르치거나 영향을 준 선배와 김춘수 시인 같은 스승들의 눈에는 멋진 재목으로 비쳤으리라.

시인은 오로지 시에만 매달렸다. 그에게 시는 삶의 목표였으며 밥이며 희망이었다. 그는 고교 동창 모임에 얼굴을 낸 적이 없었다. 친구들 사이에 '권국명'이란 이름이 거명되면 "키다리, 시 쓰는 친구 말이가"라며 아는 체하는 이도 더러 있었지만 대부분 그의 존재를 기억하지 못하는 경우가 많았다. 그는 다른 나라, 아름다운 시(詩)만 있는 시 나라에 살고 있는 거인이어서 친구들이 그를 몰라 주었을 뿐이다.

그는 평생 시를 썼지만 그걸 묶어 시집 내는 일에는 등한했다. 『그리운 사랑이 돌아와 있으리라』 『으능나무 금빛 몸』 『초록 교신』 등의 시집을 내긴 했으나 그것도 대학에 몸담고 있으면서 교수로서 의무이기도 한 논문 대체용으로 겨우 낸 것들이다. 그만치 그는 자신을 세상에 드러내는 일에 주저했고 부끄러워했다.

그의 시는 남들이 따라 잡을 수 없는 경계선 밖에 서 있었다. 선배인 권기호 시인은 "국명이는 정말 시를 잘 쓴다. 그를 능가할 시인을 아직 만나지 못했다"고 했고 도광의 시인도 "그 말에 나도 동감"이라고 했다.

권국명은 그가 쓴 「시인의 산문」이란 글에서 시에 대한 소회를 이렇게 피력한 적이 있다. "시는 워낙 제 것에 대한 이 게으른 무심함과 서느러운 정신의 한 소산이고, 그 무용성과 정결함이 시와 같은 아름다운 의미를 깃들게 하는 처소이기 때문이다. 우리 시대 사람들 가운데도 각박과 잡담을 여의고 세상을 무심하게 소요하며 살려는 정신의 기미를 아는 사람은 또 더러 알고 있는 일이다."

나는 시인과는 같은 반의 급우였지만 친구는 아니었다. 한 번도 속마음을 털어놓고 이야기해 본 적도 없고 단 둘이서 술 한 잔 나눈 적도 없다. 우리는 서로가 떨어져 서 있는 두 그루 키 큰 나무였다. 그가 스스로 둘러친 장벽은 두껍고 높았다. 때문에 그는 더 고독해 보였다. 검은 머리칼을 쓸어 올리는 희고 긴 손가락조차 외로워 보였다. 그렇지만 아무도 문 닫고 있는 그의 내면을 들여다볼 엄두를 내지 못했다. 다만 그의 주변에 있는 몇몇 문학을 지망하는 청년들과 더러 어울렸을 뿐 그는 내내 혼자였다. 그의 시는 고독 속에서 익고 그렇게 영글어 갔다.

내가 늦깎이로 등단하여 산문을 쓰기 시작하자 나를 보는 시인의 눈빛이 달라지기 시작했다. 어쩌다 길에서 만나면 "활이 너도 등단했으니 우리 열심히 한번 해보자"며 격려를 해주었다. 그러다가 90년에 그동안 문학잡지에 실린 산문들을 모아 『그리운 날의 추억제』란 에세이집을 출간하여 시인에게 우편으로 보냈다. 시인은 편지 대신 시 한 편을 보내왔다.

"활이를 보면 여름 바람에 무성한 잎을 달고 번쩍이는, 키 큰 플라타너스가 생각난다. 아랫도리를 바람에 드러내고, 그러나 하늘을 찌를 듯이 높이, 언제나 푸르고 싱싱하게 몸을 흔들고 있는, 키 큰 플라타너스가 생각난다.

활이를 만나면, 우리는 어린 날의 고향과, 열일곱 살 고등학생 시절의 왼갖 기억이 되살아난다. 긴 모가지 위에 얹힌, 기린의 얼굴처럼 자세히 보면 늙었지만, 활이는 아직도 고등학생 시절의 그 얼굴이다. 빙그레 웃는 그 얼굴이다.

술잔을 앞에 놓고 그가 산과 낚시를 이야기할 때는, 인생을 즐기는 도락가이고, 시와 문학을 말할 때는 세상을 근심하는 작가이다.

그러나 무엇보다도, 그는 인정 있는 사람, 아직도 덥고, 따뜻한 가슴을 지닌 사람, 어저께 만났더니, 출판사에서 보내 온 자기 책을 받고 울었다고 한다. 책이 젖을 만큼 소리 내어 울었다고 한다. 마누라도 모르게 혼자 울었다고 한다.

그 울음은 여기 모인 우리들도 다 가진 울음, 아무도 모르게 혼자 우는 울음, 산다는 것은 혼자 울고 있는 것이다. 그 울음 다하는 날, 우리는 죽어 땅에 묻히리."(권국명의 시 「그 울음 다하는 날」 전문)

그러다가 다시 얼마의 세월이 흐르고 우리의 얼굴에 주름이 늘어갈 무렵 그가 투병차 해인사 고불암 부근 조주원이란 암자로 들어갔다는 소식을 풍편에 들었다. 어느 문학잡지에 난 그의 투병기를 읽어 보니 평소에 가까이 지내던 문우들이 다 녀간 흔적이 보였지만 잡인들의 내방을 환영하는 눈치는 아니 었다.

2년 뒤 동산병원 장례식장에서 삼천리를 걷고 걸어 다시 수 렁길로 내려가 비로소 연꽃 가득 핀 그리운 세상으로 떠나는 그를 배웅할 수밖에 없었다. 그를 보내면서 「그리운 사랑이 돌아와 있으리라」는 시의 마지막 부분을 옆 사람에게 들리지 않을 소리로 나직이 읊조려 보았다.

"가서, 거기 가서 네 왼몸 달아오르는 피,/ 연꽃으로 한 천 년쯤 피 흘리고 있으면/ 그리운 사랑이 돌아와 보이리라./ 네 피의 붉은 빛은 다 가시고/ 몸 밝은 연꽃 말씀만 남아/ 그리운 네 사랑이 돌아와 있으리라."

다산초당과 백련사

다산 선생을 뵈러 다산초당을 오른다. 그간 한두 번 오른 것이
아니지만 이 길은 오를수록 새롭다. 선생이 계시든 안 계시든
그건 아무 상관이 없다. 선생이 생전에 남긴 말씀을 되새겨 보
면 직접 뵙는 것이나 다름이 없다. 성경과 경전을 읽고 배우고
깨치듯 선생의 말씀은 바로 그와 같다. 250여 년 전에 태어난
선생을 나는 뵌 적이 없지만 못 봤다고, 만남이 없었다고 말할
수는 없다. 말씀으로 만나고 사모의 정으로 만난다.

　그것은 암벽에서 떨어져 휠체어를 타야 하는 등산가가 오로
지 기억만으로 바위 벼랑에 붙어 하겐을 박고 카라비너에 자
일을 걸어 하늘로 올라가는 것과 같은 이치다. 어쩌면 한쪽 다
리가 없는 장애자가 꿈속에서 잃어버린 다리에 통증을 느끼는
이른바 '환각의 다리'와 같은 효과라고 감히 말할 수 있다. 이
렇듯 아름다운 생각은 곧잘 명상에 들게 하고 그 명상은 나 같
은 속인(俗人)을 선(禪)의 경지로 인도하기도 한다.

　숲길을 뚫고 초당으로 올라서니 선생의 심심풀이 놀이터인
작은 연못은 꽁꽁 얼어 있었다. 초당 마당에 솔방울을 태워 차

를 끓이는 작은 너럭바위 다조(茶竈, 차 부뚜막)가 '차 끓여 본
지도 너무 오래 됐네'라며 반갑게 말을 걸어온다. 이 다조는
선생과 이웃 백련사 혜장선사가 뒷산에서 주워 온 솔방울에
불을 붙여 매운 연기에 눈물을 흘려가며 차를 끓이던 '다산 카
페'의 부뚜막이다.

초당 뒤 정으로 바위를 쪼아 '정석(丁石)'이라 새긴 절벽 앞
에 선다. '정석'이란 두 글자는 다산 선생이 바위에 새긴 문신
(tattoo)과 같은 것이다. 옛날부터 사랑하는 이의 이름은 바늘
로 찔러 팔뚝에 새겼다. 선생도 아내와 아들, 딸 등 가족들이
보고 싶을 때마다 한땀 한땀 땀을 흘리면서 정으로 쪼아 바위
가 흘리는 피를 보며 속으로 통곡했을 것이다. 그 세월이 무려
18년이다. '통곡의 벽(Western Wall)'은 유대교의 성지에만 존재
하는 것이 아니라 여기 다산 선생이 머물렀던 초당 뒤란에도
있다.

다산 선생은 돌에 글자를 쪼면서 무슨 생각을 했을까. 두 아
들에게 물려준 '근(勤)과 검(儉)의 유산'도 아마 여기에서 생각
해 내지 않았을까.

"아들아, 벼슬은 했지만 물려줄 밭뙈기는 장만하지 못했다.
정신적인 부적 두 글자를 물려줄 터이니 너무 야박하다고 하
지 마라. 그것은 근과 검이다. 두 글자는 기름진 땅보다 나은
것이니 일생 동안 써도 닳지 않을 것이다. 부지런함이란 맑은
날에 해야 할 일을 비 오는 날까지 끌지 말고 비 오는 날에 해
야 할 일을 맑은 날까지 연기하지 않는 것이다. 또 검소함이란

한 벌의 옷을 만들 때 앞으로 계속 오래 입을 수 있을지 없을지를 생각해서 만드는 것이다. 그리고 하늘을 속이면 제일 나쁘고 임금과 어버이를 속이거나 농부가 농부를 속이는 것은 모두 죄이니라."

이 글의 초두에 '생전에 남긴 말씀을 되새겨 보면 직접 뵙는 것이나 다름이 없다'는 속뜻이 바로 이 말씀이다. 나는 아들도, 조카도 아닌 먼 후학이지만 선생이 아들에게 물려준 이 말씀이 바로 나에게 준 말씀인양 화두처럼 부여잡고 산 지가 꽤 오래 되었다. 일상 중에 게으름 때문에 무슨 일을 미루려 하다가도 선생의 이 말씀이 퍼뜩 떠오를 때마다 전기에 감전된 듯 벌떡 일어나곤 한다.

동암을 거쳐 천일각에 올라 멀리 보이는 구강포 바다를 내려다본다. 이곳은 흑산도로 귀양간 형이 돛배를 타고 돌아올 날을 기다린 곳이다. 이제 초당에 머물 때 유일한 반려였던 혜장선사를 만나기 위해 오르내렸던 오솔길을 따라 백련사로 내려간다. 이 길을 걸어 보면 선비와 승려 두 사람이 주고받던 말소리가 조곤조곤 지금도 들리는 듯하다.

다산과 혜장은 열 살 차이로 친구이자 스승과 제자이며 때론 형제였다. 선생의 시 한 편 읽어 보면 그들의 우의를 짐작할 수 있다.

"조각구름 맑아서 궂은 하늘 씻어내고/ 냉이 밭 나비들 훨훨 나는데 허옇구나/ 집 뒤의 나무꾼 다니는 길 우연히 따라가니/ 들머리 보리밭까지 지나오고 말았네/ 땅끝 바다에서 봄

이 되니 늙어감 알아지고/ 황량한 시골 벗 없자 중이 좋음 깨
달았네/ 먼 산만 바라보고 도연명의 뜻 알 만해서/ 한두 편 산
경(山經)을 놓고 중과 함께 얘기했네(片片晴雲拭瘴天/ 薺田蝴
蝶白翩翩/ 偶從屋後樵蘇路/ 遂過原頭穢麥田/ 窮海逢春知老至
/ 荒村無友覺僧賢/ 且尋陶令流觀意/ 與說山經一二篇)"[春日游
白蓮寺]

　　백련사가 내려다보이는 산허리에서 뒤를 돌아보니 다산 선
생이 '잘 가시게' 하며 손을 흔들고 계신다. 또 백련사 사천왕
문 앞에는 혜장선사가 하얀 이를 드러내고 환하게 웃고 계시
네.

나는 왕이다

"풍광 좋은데 다니며 맛있는 것 먹고 다닌다며, 넌 좋겠다." 내 글을 읽은 친구들이 하는 말이다. "그래, 다리 건강하니 잘 다니고 있어"라고 대답한다. 그들의 "너는 좋겠다"는 말 속에는 약간의 부러움과 시샘이 섞여 있음을 직감적으로 느낀다.

그런 말을 하는 친구들의 직업이나 전력 그리고 재력들은 대체로 괜찮은 편이다. 맘만 먹으면 2-3일 내지 3-4일 정도의 여행은 수시로 떠날 수 있는 그런 처지의 사람들이다. 다만 함께 떠날 팀을 구성하기가 쉽지 않고 여행지 특히 바닷가에서 음식과 잠자리 구하기 등 여러 가지가 미숙하기 때문에 선뜻 나서지 못하는 것 같다. 그런 결과가 결국 "방방곡곡을 맘대로 돌아다녀서 너는 좋겠다"는 자조 섞인 투정으로 스스로 위안을 받는 것 같다.

『중용』 4장에 이런 구절이 있다.

"사람들은 음식을 먹으면서 그 음식 맛을 제대로 알지 못한다(人莫不飲食也 鮮能知味也)."

이것을 '지미(知味)의 철학'이라 일컫는다. 음식 맛도 제대로 모르는 사람들이 인생의 맛은 제대로 알까. 이 책은 그 해답으로 "똑똑하고 잘난 자들은 늘 넘치고, 어리석고 못난 자들은 늘 뒤쳐지기 때문이다(知者過之愚者及賢者過之不肖者不及)"라고 풀이하고 있다.

유능하고 학식 있는 사람들은 명예와 돈을 위해 뛰다 보니 인생의 맛을 제대로 알지 못하는 가운데 나이를 먹어 간다. 그러다가 정년을 맞아 인생의 황혼기에 들어서면 "앗차!" 하고 문득 자신의 인생이 그리 맛있는 것이 아니었다는 걸 깨닫게 된다. 게으르고 무능한 사람들 역시 인생의 참맛을 모르고 어영부영 살다 일생을 마치기 일쑤다.

인생의 맛을 알고 음식의 참맛을 아는 '지미의 인생'은 우리 곁에서 멀리 떨어져 있거나 이뤄내기가 그리 힘들지 않다. 그것은 결코 돈으로 해결될 문제도 아니며 권력으로 이룰 수 있는 일은 더더욱 아니다. 송나라 때 소강절(邵節康)이란 이는 어느 날 늦은 밤하늘의 달을 보면서 느낀 산들바람 기운을 인생의 가장 맛있는 순간이라 읊은 적이 있다. 그 맛은 누구에게도 설명할 수도, 함께 느낄 수도 없는 오묘한 맛으로 특별하거나 기이한 것이 아니라고 했다. 평범한 일상에서 마음으로 느끼는 맛이 지고지미(至高之味)가 아니겠는가.

그동안 여러 곳을 돌아다니면서 친구들의 말대로 남들이 맛있다는 음식을 먹어 보고 그 맛의 느낌을 글로 써왔다. 최근 『중용』을 들쳐보다가 앞서 말한 "사람들은 음식 맛을 제대로 알지 못한다"는 대목을 읽다가 느낀 바가 적지 않았다. '내가 먹고 다니는 음식 맛을 나는 제대로 아는 걸까'란 질문에 답을 할 수가 없었다. 음식 맛을 제대로 알고 먹었다기보다는 남들이 좋다고 권하는 것을 무턱대고 먹어 치운 경우가 더 많았다. 내 스스로가 '지미의 철학'을 포기한 것이나 다름없었다. 한 발 더 나아가 생각해 보면 내 삶도 그리 맛있는 인생은 아닌 것 같다.

살다 보면 하나의 낱말이나 한 문장이 전기의 스파크 현상처럼 엄청난 파장으로 깨우침과 각성을 불러올 때가 있다. 안거에 들어가 화두 하나를 붙잡고 용맹정진하는 스님들이 무릎 밑으로 기어 들어오는 개미 한 마리를 보고 크게 깨우치는 경우도 있다. 『중용』의 '음식 맛도 모른다'는 한 구절이 내게 있어 선방의 개미와 같은 구실을 하는 것 같았다.

최근 이른 봄맞이 남도여행을 떠나면서 종전까지 해오던 어시장의 해산물 구매 방식을 확 바꿔 버렸다. 설익은 고급 취향을 버리고 옛날 방식을 되찾기로 마음먹었다. 전라도 녹동 어시장의 단골 가게에 전화를 걸었다.

"갯것들 좀 준비해 주세요. 다리가 떨어진 낙지도 괜찮아요."

갯것이란 횟감용 활어를 제외한 바지락, 굴, 소라, 키조개, 피꼬막, 주꾸미를 비롯하여 톳, 매생이, 파래까지 갯가에서 나오는 모든 기타 등등을 말한다. 갯가 사람들은 이런 것들을 파는 난전을 갯것전이라 부른다.

기타 등등이란 표현을 쓰고 보니 뮤지컬 영화 「왕과 나」의

267

주인공으로 나오는 율 브리너가 말끝마다 '익세트러(Extra)'를 연발하던 장면이 떠올라 혼자 웃었다. 이날 어시장에 도착하여 주꾸미를 비롯하여 어판 위에 늘려 있는 온갖 것들을 쓸어 담으며 갯것 왕국의 왕이나 된 것처럼 익세트러를 속으로 중얼 거렸다. 마음씨 좋은 주인은 장애낙지는 물론 해삼, 멍게, 간재미 등 기타 등등을 덤으로 듬뿍 얹어 주었다.

　도반들과 함께 나로도 바닷가에 있는 '하얀 노을'이란 멋진 펜션에 도착했다. 여러 가지 갯것들을 총총 썰어 밥솥에 넣고 밥을 지었다. 갯것 왕국의 저녁 만찬은 '지미의 철학'을 실천하는 갯것 비빔밥 단 한 가지뿐이었다. 익세트라 익세트라! 나는 갯것 왕국의 왕이다.

거울 속 나, 자화상 속 나

원고 청탁을 받으면 오래 지체하지 않는다. 찜찜하면 견디지 못하는 성질 탓이다. 해야 할 일을 하지 않고 있으면 다른 일이 손에 잡히지 않는다. 나의 얼굴에 대한 글을 쓰고 그림까지 그려 달란 청탁을 받곤 두어 달 이상 머뭇거렸다. 내 얼굴에 대한 글을 쓸 자신도 없거니와 별로 하고 싶은 말이 없었기 때문이다.

옛 선비들도 자신의 얼굴에 대한 글을 쓰면서 고뇌한 흔적이 뚜렷했다. 추사도 「자제소조(自題小照)」란 자신의 초상화에 대해 쓴 글에서 이렇게 적었다.

"여기 있는 나도 나요, 그림 속 나도 나다. 여기 있는 나도 좋고, 그림 속 나도 좋다. 이 나와 저 나 사이 진정한 나는 없네. 조화 구슬 겹겹인데, 그 뉘라 큰 마니 속에서 실상을 잡아낼까? 하하하(是我亦我, 非我亦我. 是我亦可, 非我亦可. 是非之間, 無以爲我. 帝珠重重, 誰能執相於大摩尼中. 呵呵)."

'초상화도 나이고 그걸 보는 이도 나인데 어느 나도 진짜 나는 아니다'란 얘기다. '나'란 인간이 실종한 대사건이다.

우리 집 거실에는 사진관에서 찍은 가족사진이 없다. 다른 집에 가보면 거실 중앙 벽에 가족서열 순서대로 앉거나 서거나 하여 찍은 대형 사진이 걸려 있기가 예사다. 가화만사성(家和萬事成)을 사진으로 표현한 것이지만 나는 그러고 싶지 않았다. 시골의 좁은 방 천정 밑에 덕지덕지 파리똥이 앉은 흑백 사진 액자로 걸렸으면 걸렸지 아파트 벽면을 그렇게 치장하고 싶진 않았다.

단신 미국으로 건너가 불법체류를 거쳐 겨우 정착한 막내아들이 "가족사진을 찍어 갔으면 좋겠다"는 뜻을 비쳤다. 그 말에 대답은 않고 꽤 오래전에 어느 서양화가가 그린 담배를 손에 쥐고 있는 나의 초상화를 핸드 캐리하기 좋도록 간편한 짐으로 꾸려 줬다. 아들이 하는 말이 "나는 담배 피는 젊은 아버지와 평생 동안 함께 살게 됐네"라고 말했다. 그러니까 초상화의 아버지가 지금의 아버지는 아니란 바로 그 말이다.

"그대가 지금의 나란 말인가. 내가 그래도 젊었네그려. 내가 예전 그대였던가. 나 홀로 늙고 말았군 그래. 18년간 그대가 내 참모습인 줄 몰랐으니, 수십 년 뒤에야 누가 내 모습이 그대인 줄 알겠나. 다만 마땅히 각자 신체발부를 잘 지켜 남에게 더럽힘이나 당하지 마세나. 명산에 간직할 테니 그대는 그대의 장소를 얻으시게. 나는 몸을 삼가 세상을 살아가겠네. 내 어찌 그대를 부러워하리."

중국으로 사신을 갔다가 그곳 화가 호병(胡炳)이 그린 초상화를 들고 온 이만영(1604-1672)이란 선비의 글이다. 거울 속

나와 18년 전에 그린 초상화의 내가 너무 달라 보여 지었다는 「화상찬병서(畵像贊幷序)」에 나오는 기록이다. 막내아들의 말이나 옛 선비의 말이나 하나도 틀린 게 없다.

거울을 잘 보지 않는다. 해가 바뀔수록 주름의 골은 깊어지고 흰 머리칼을 새치라고 우기다가 남이 웃기 전에 내가 먼저 웃는다. 그러니 무슨 재미로 거울을 볼 것인가. 사람의 늙어가는 모습을 씨앗이 새순으로 돋아나는 장면처럼 고속으로 촬영하면 어떻게 될까. 향이 불을 만나 연기를 피워 올리다가 연기는 흔적 없이 사라지고 향은 결국 재로 사그라지는 것과 무엇이 다르랴.

연기(煙氣)가 사라지고 나면 무엇이 남는가. 공(空)뿐인가. 공은 무(無)와 같은 것인가. 흔히 공은 보이지 않는 꽉참(充滿)이라는데 무도 결국 충만과 같은 개념인가. 물질이 불(火)이라는 에너지와 결합하면 재만 남기고 연기라는 단계를 거쳐 소멸되기 마련이다. 그러면 그 소멸은 질량불변의 법칙에 따른 생성의 시작인가 아니면 끝인가. 오늘은 얼굴이란 화두 하나를 붙들고 질기게 물고 늘어지니 온갖 상념이 다 떠오른다.

이은상의 시조 「자화상」을 읽어 보자.

"너를 나라 하니 내가 그래 너란 말가/ 네가 나라면 나는 그럼 어디 있나/ 나 아닌 너를 데리고 나인 줄만 여겼다/내가 참이라면 너는 분명 거짓 것이/ 네가 참이라면 내가 도로 거짓 것이/ 어느 게 참이요 거짓인지 분간하지 못할네/ 내가 없었더면 너는 본시 없으련만/ 나는 없어져도 너는 혹시 남을런가/ 저 뒷날 너를 나로만 속아볼 게 우습다.”

자화상 속의 젊은 나를 막내 손에 쥐여 먼 나라로 보낸 것은 정말 잘한 일이다. 나는 법당에 피워 둔 향연기처럼 소리 소문 없이 사라져도 그림 속의 나는 담배를 손에 쥔 모습으로 남아 있겠지. 막내아들이 먼 훗날 젊은 나를 보고 속았다고 생각하지 않고 이국생활의 외로움이 밀려올 때마다 “아버지!” 하고 불러 보다 더러는 눈물도 흘리겠지.